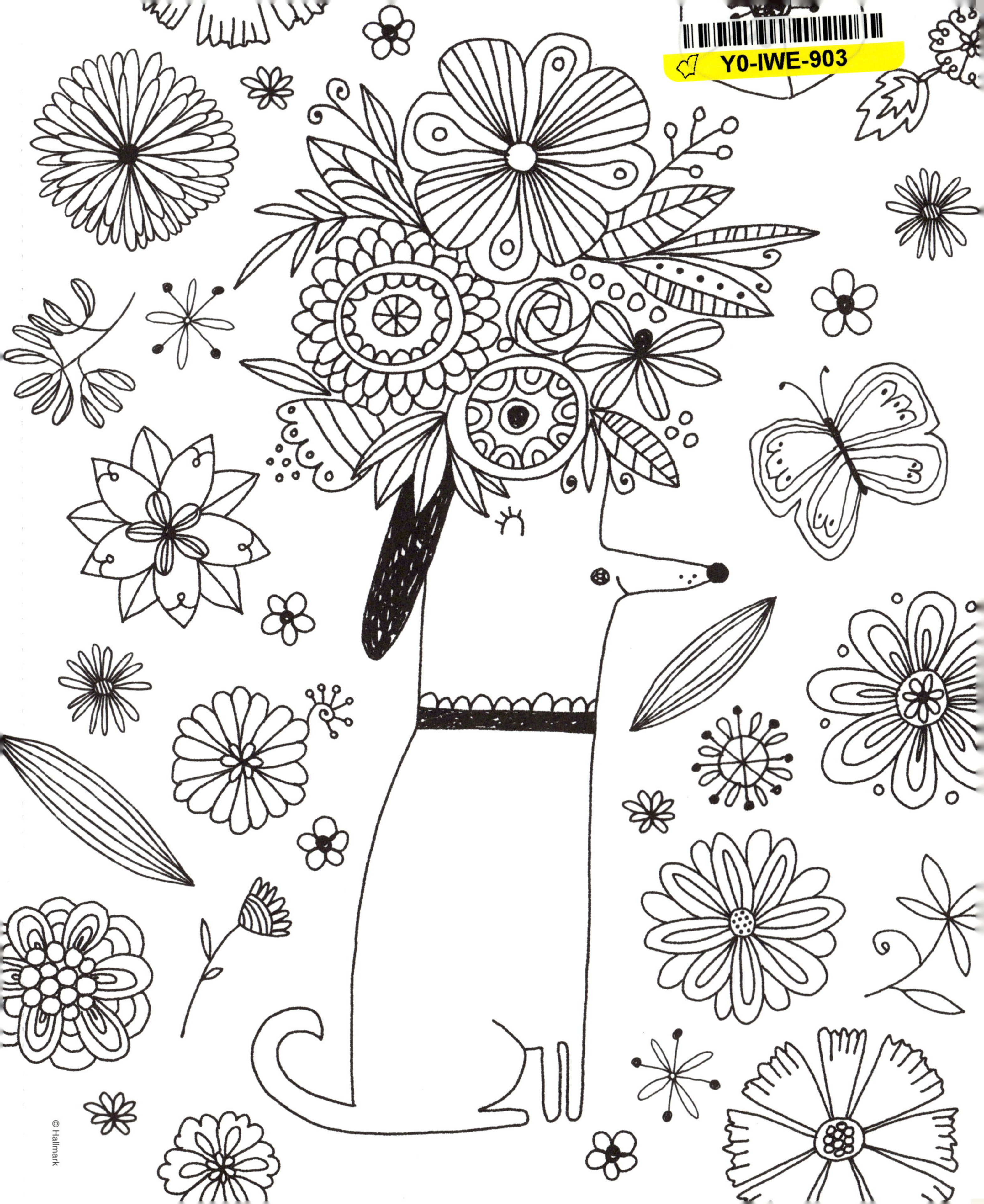

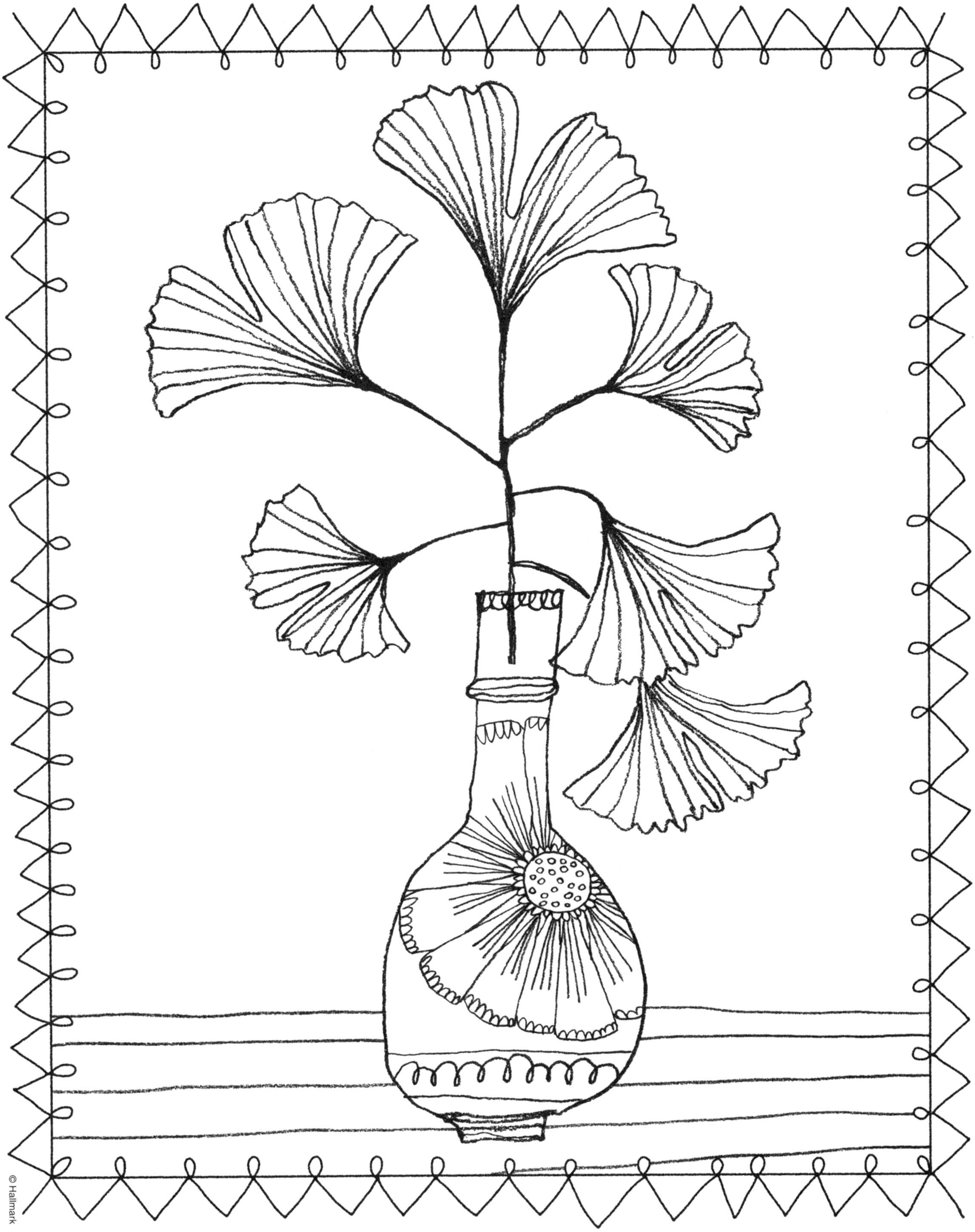

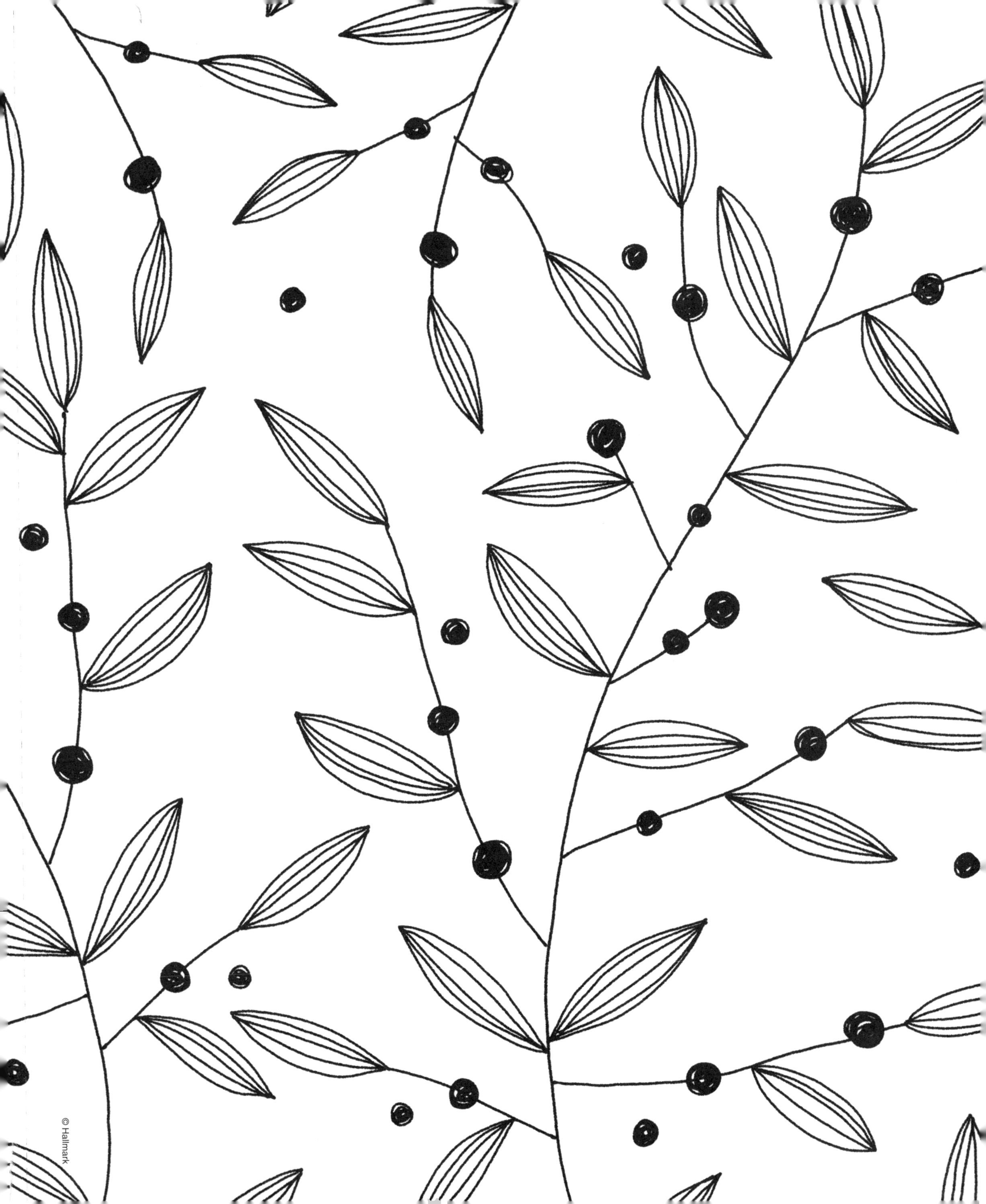

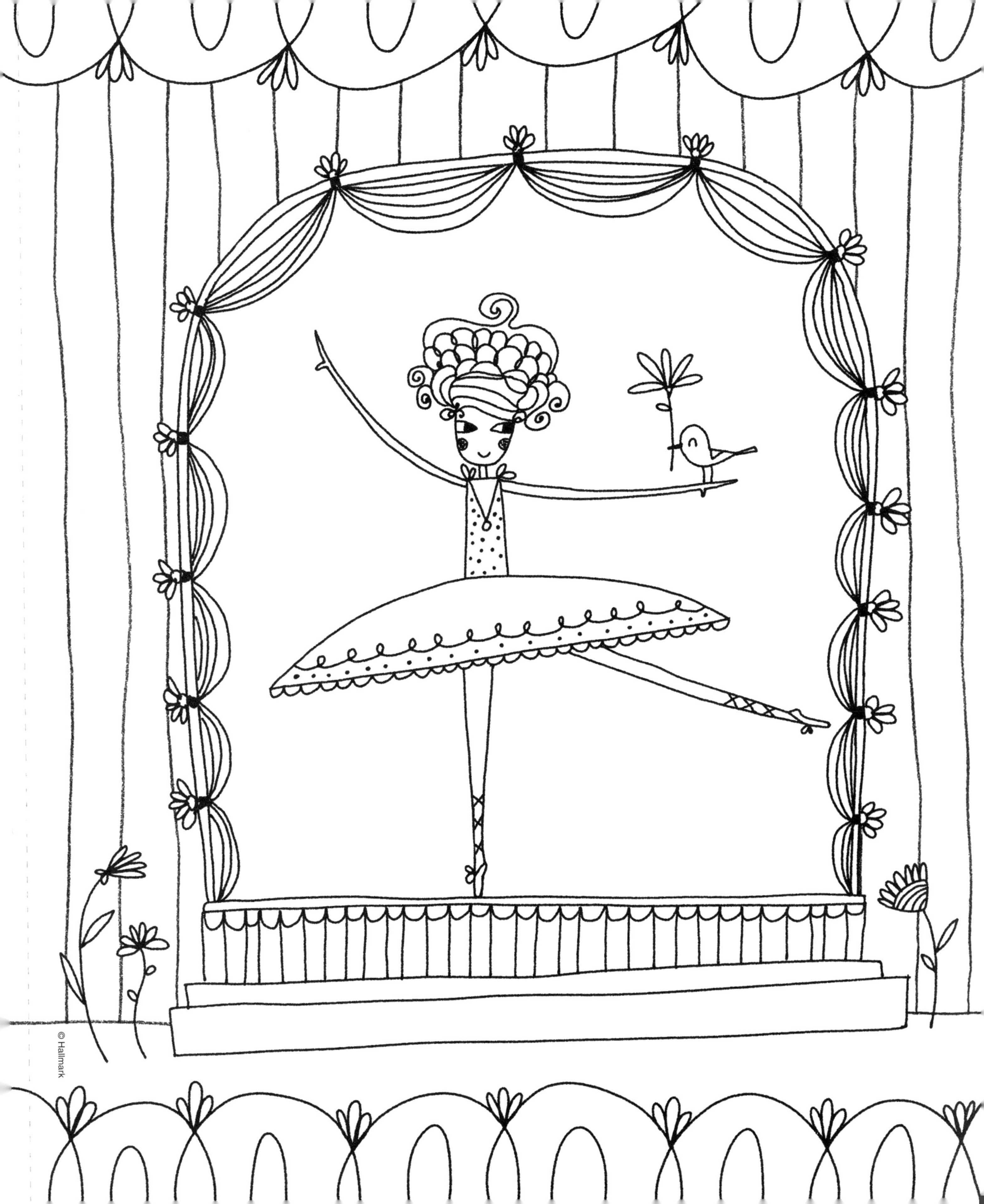

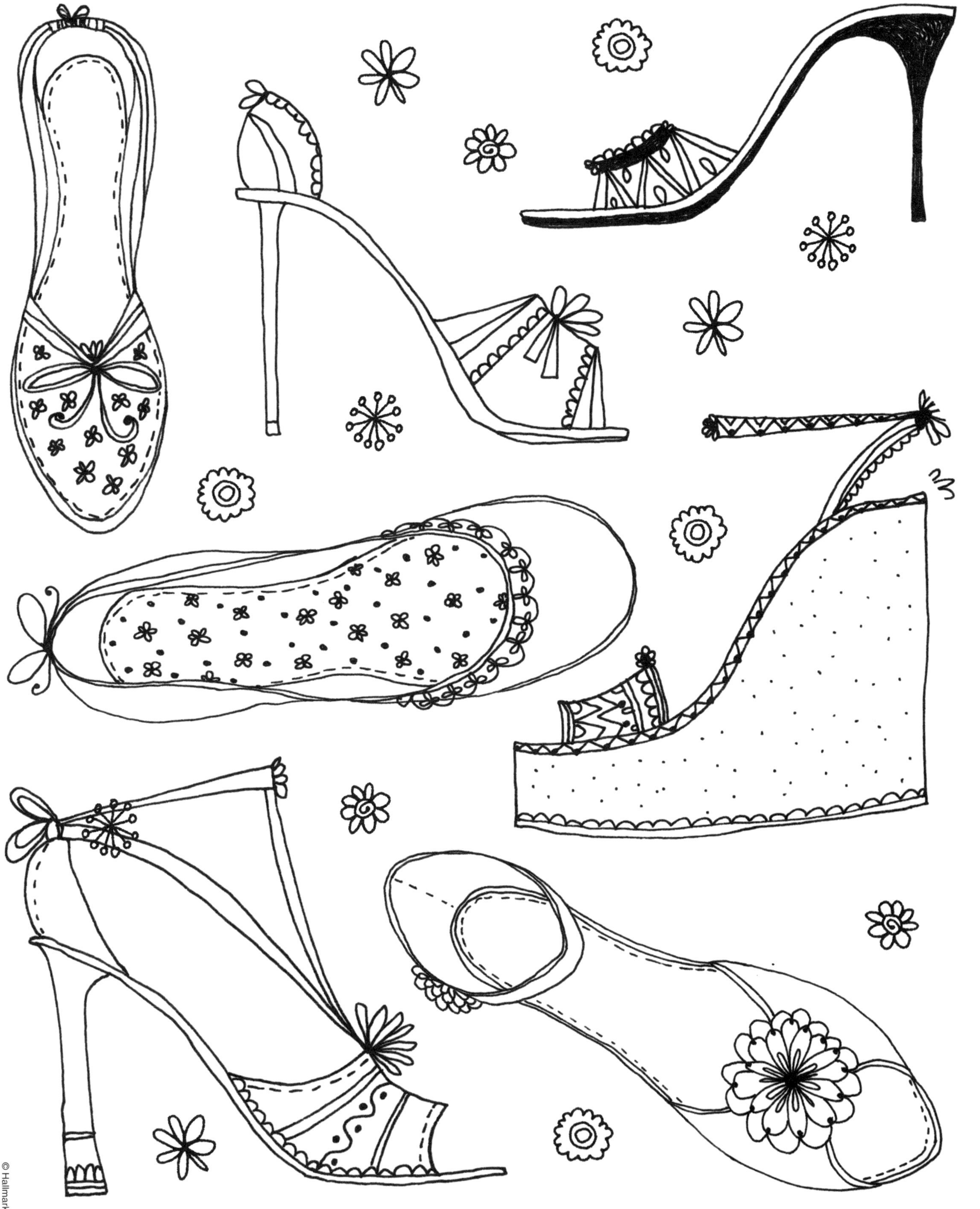

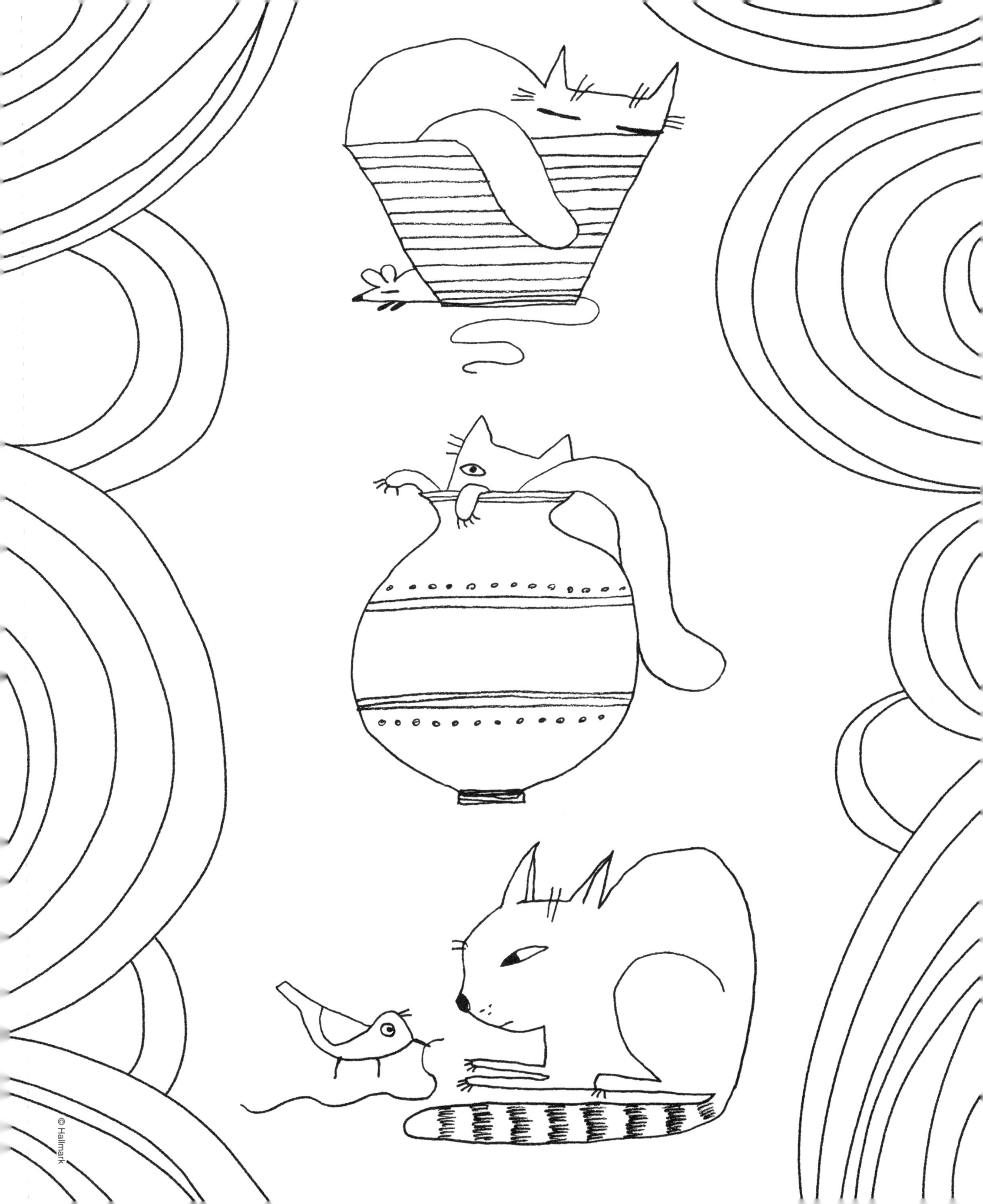

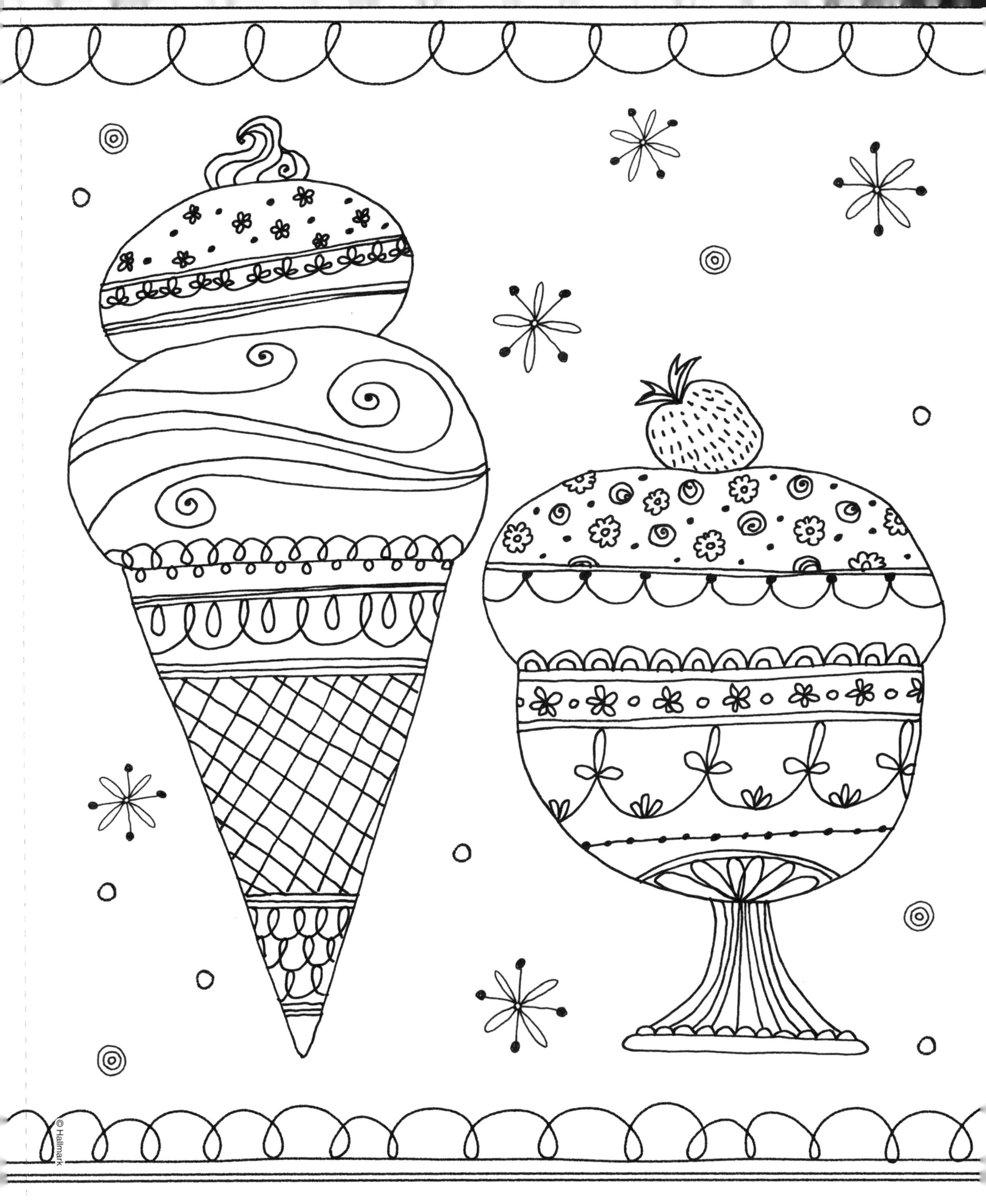

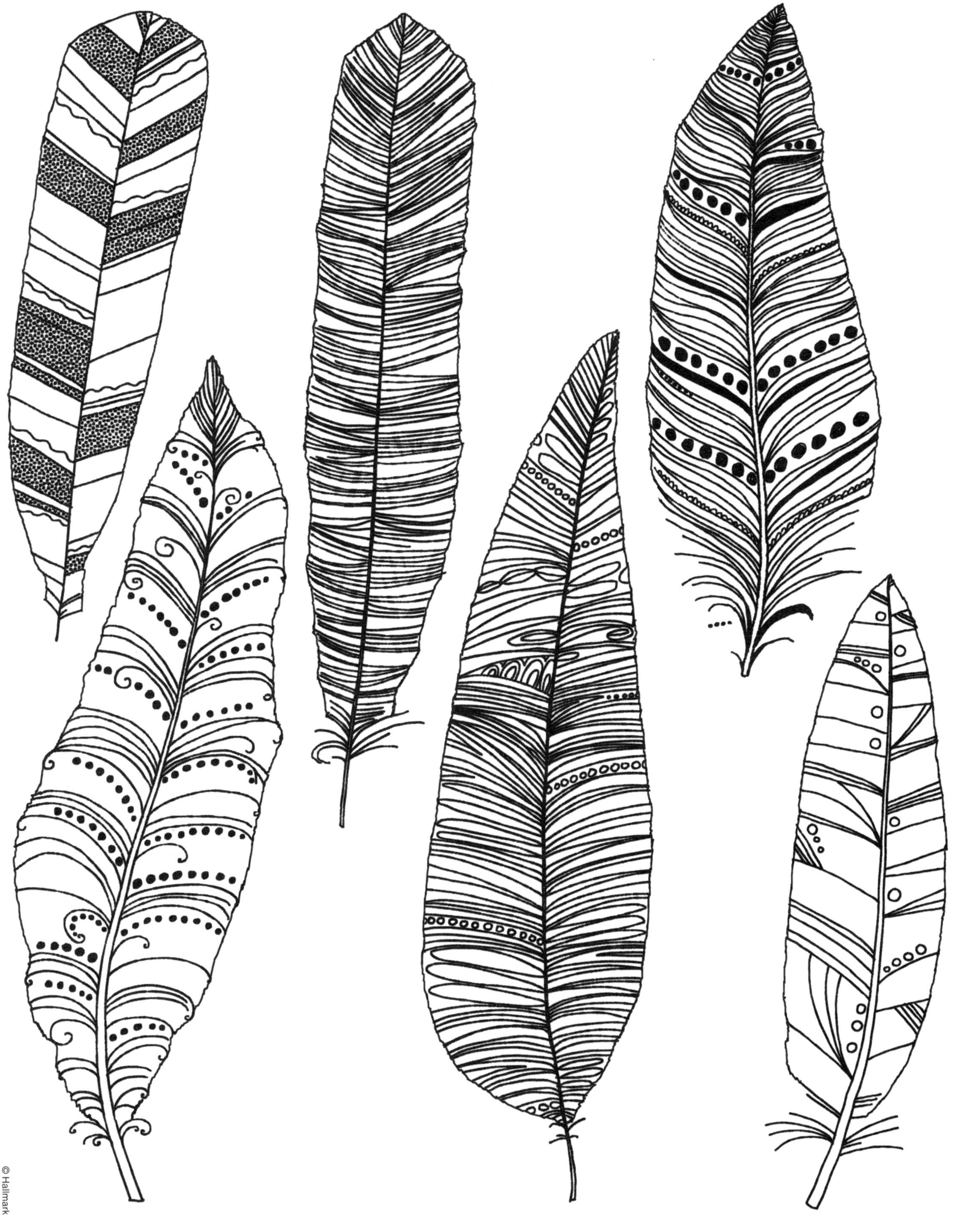

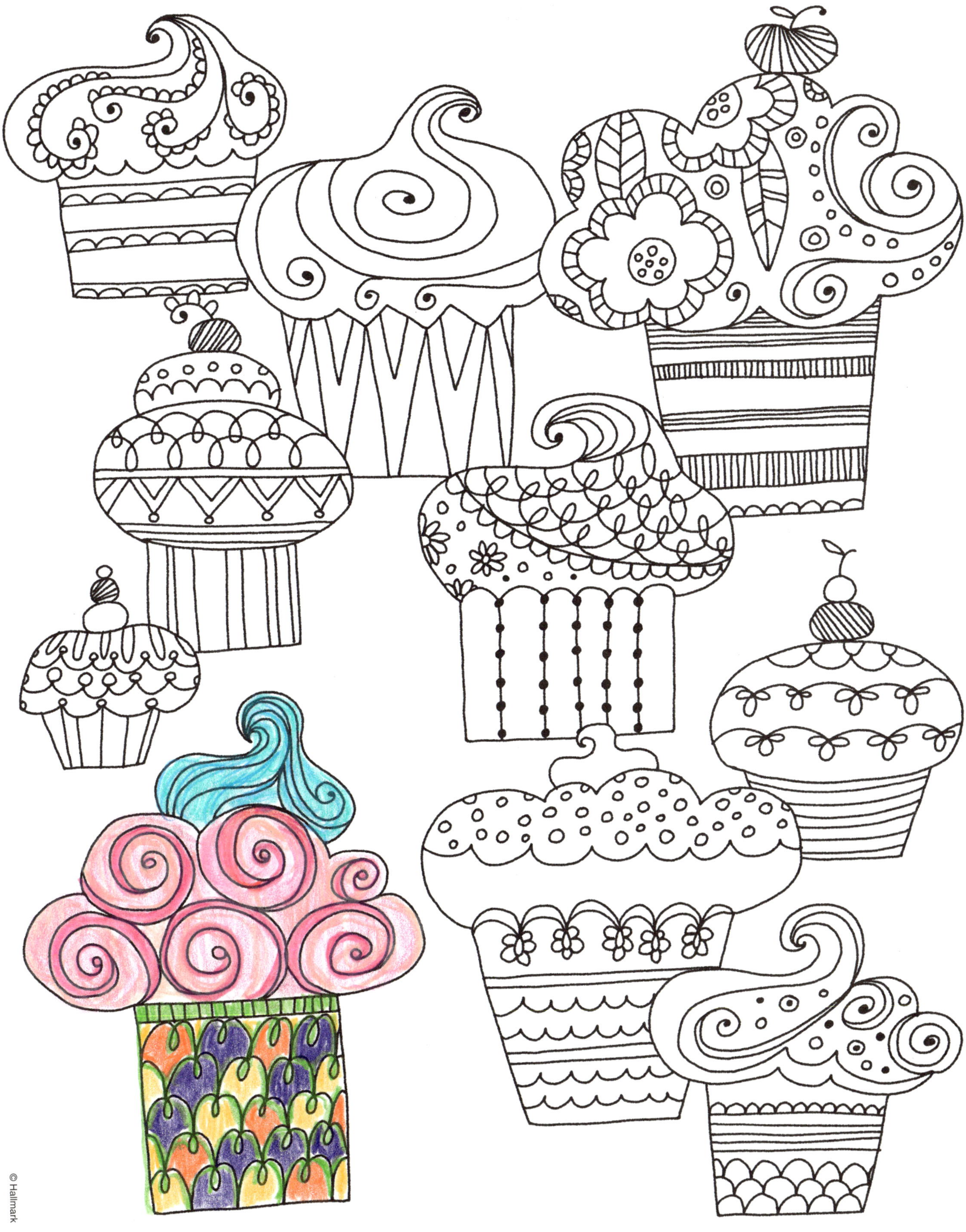

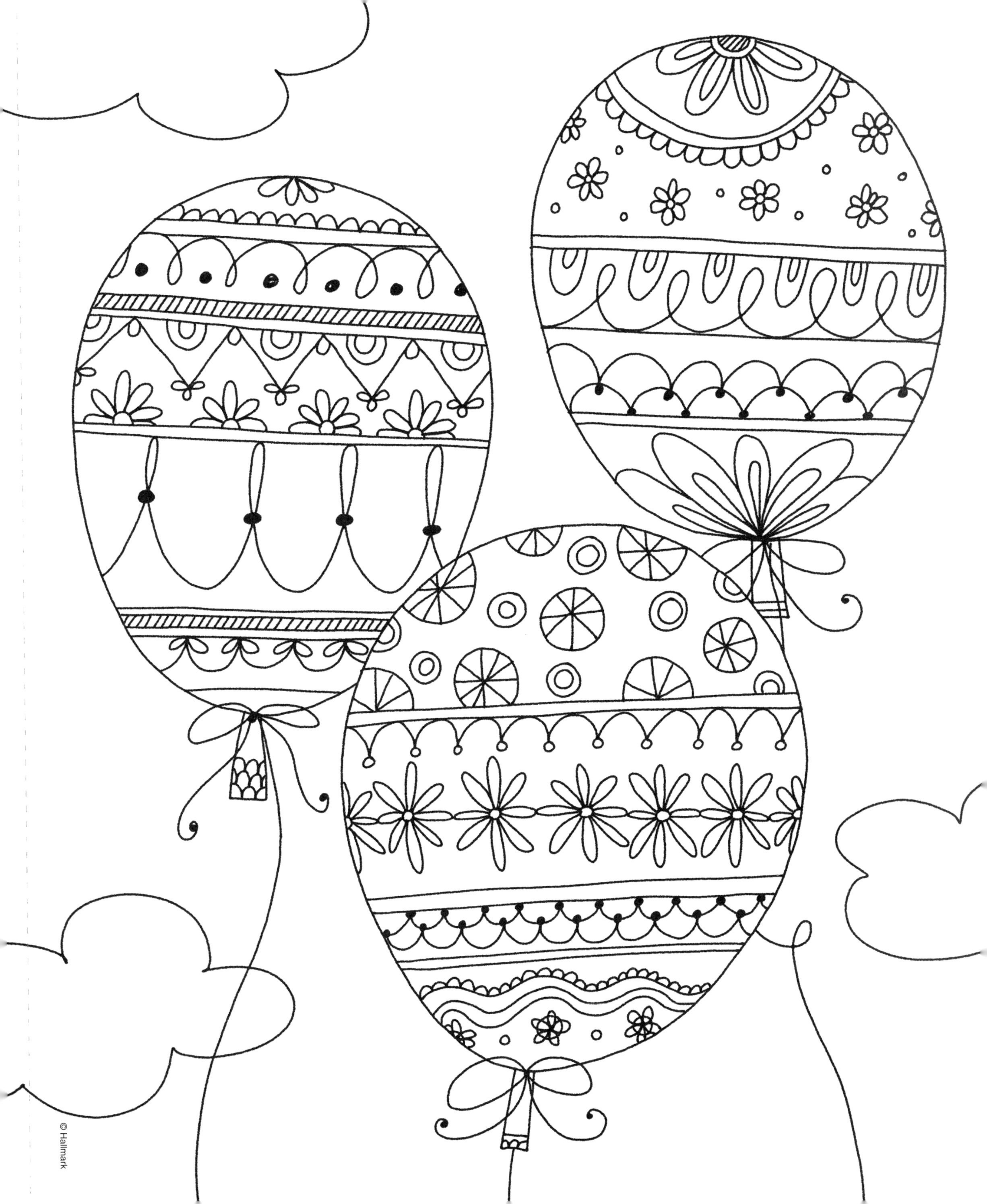

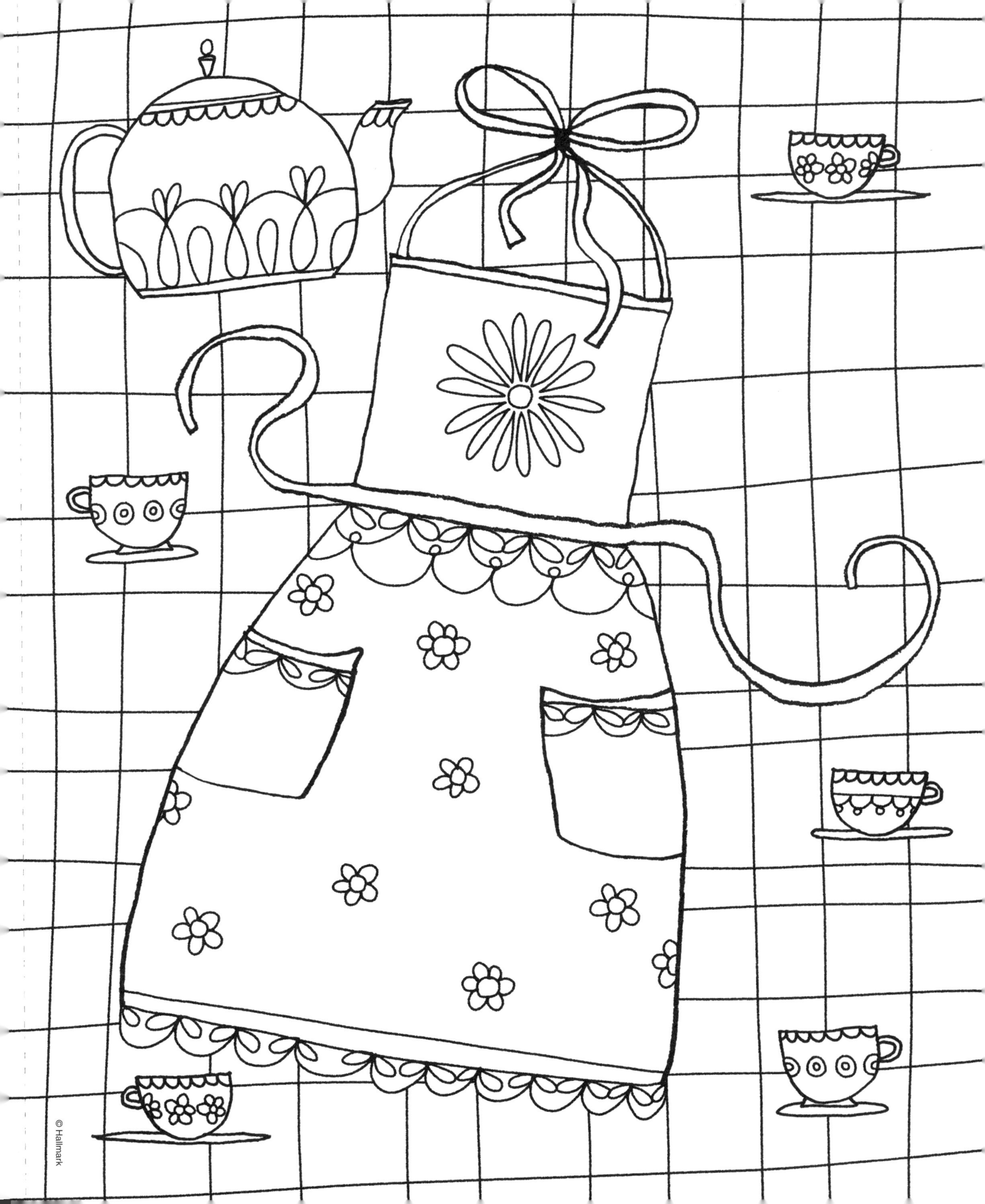

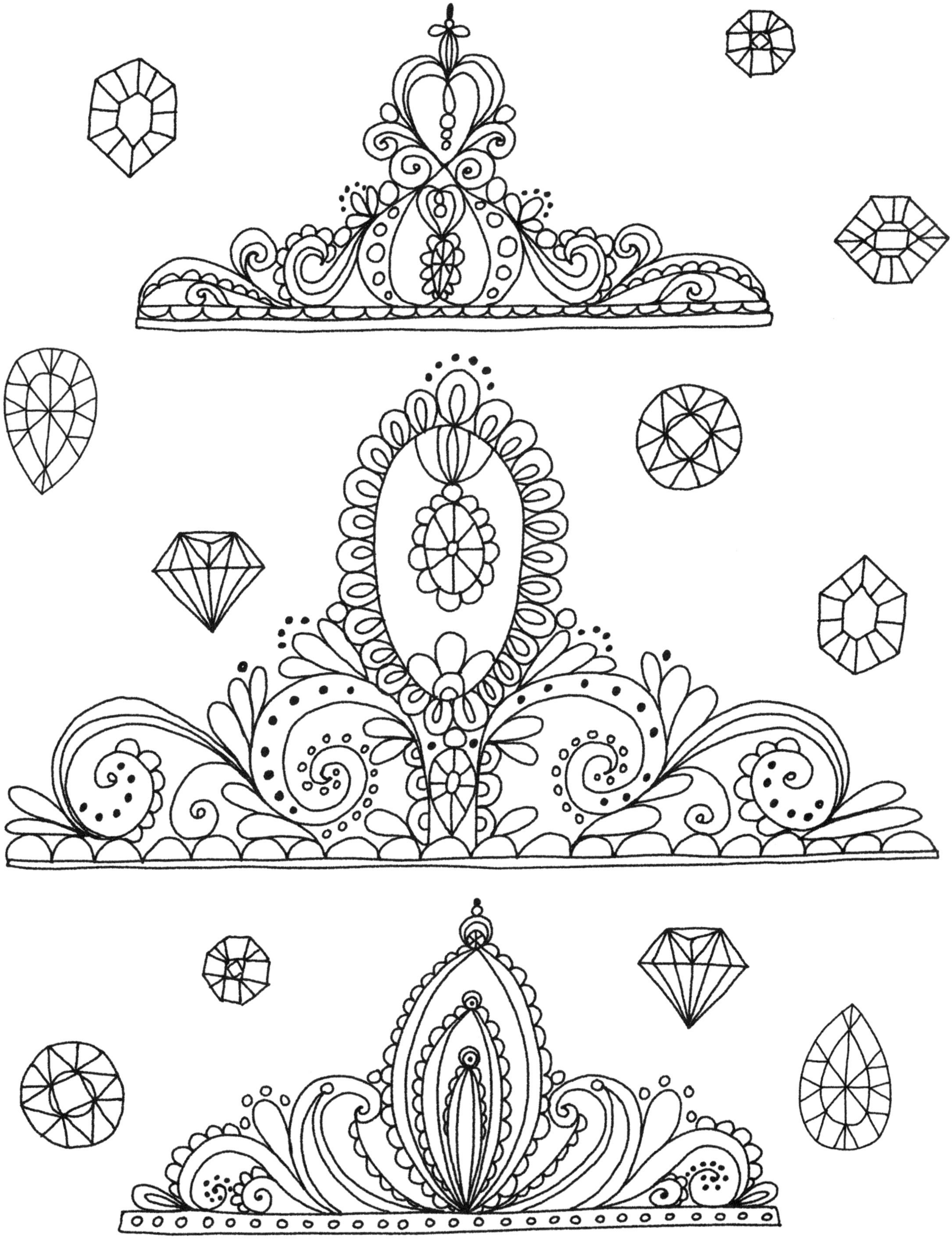

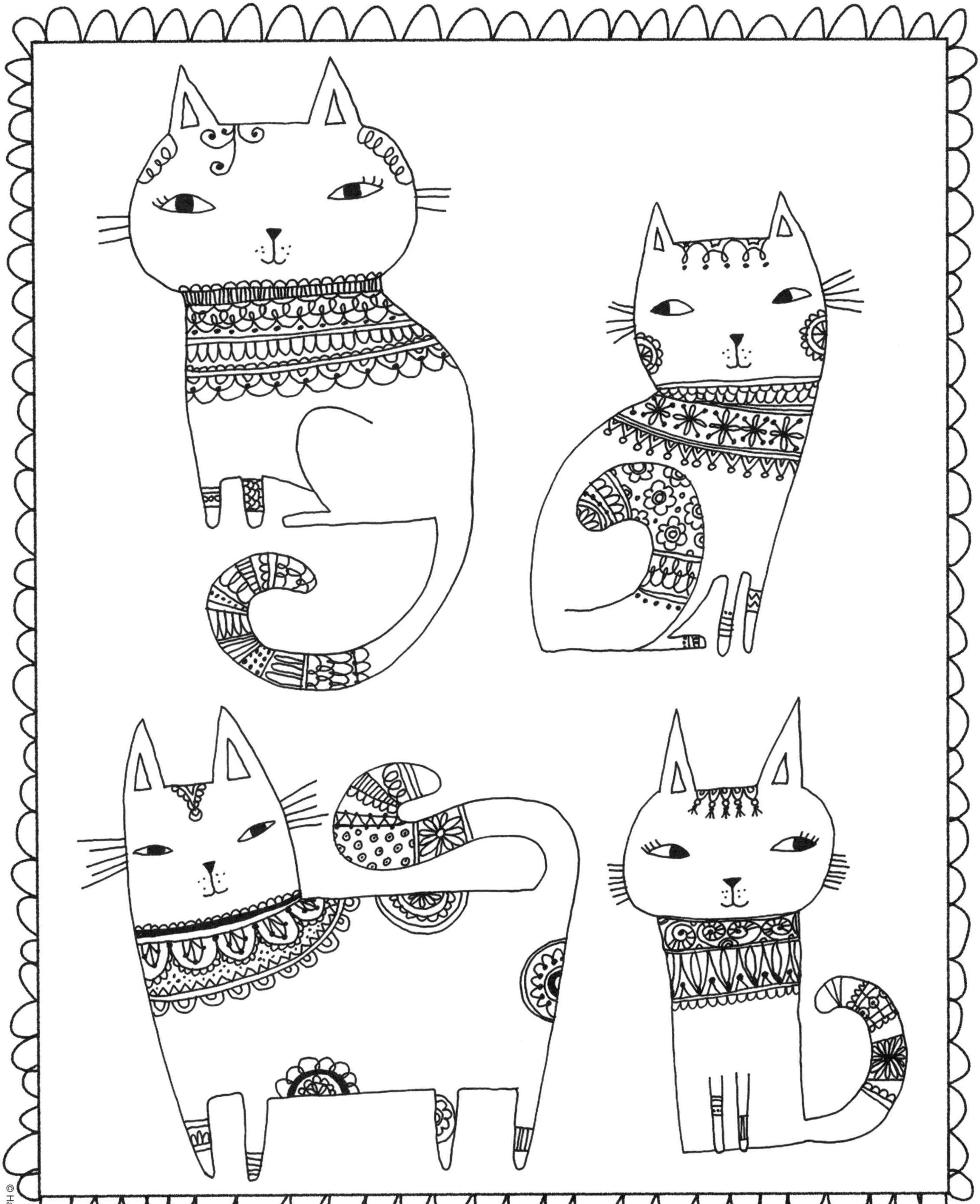

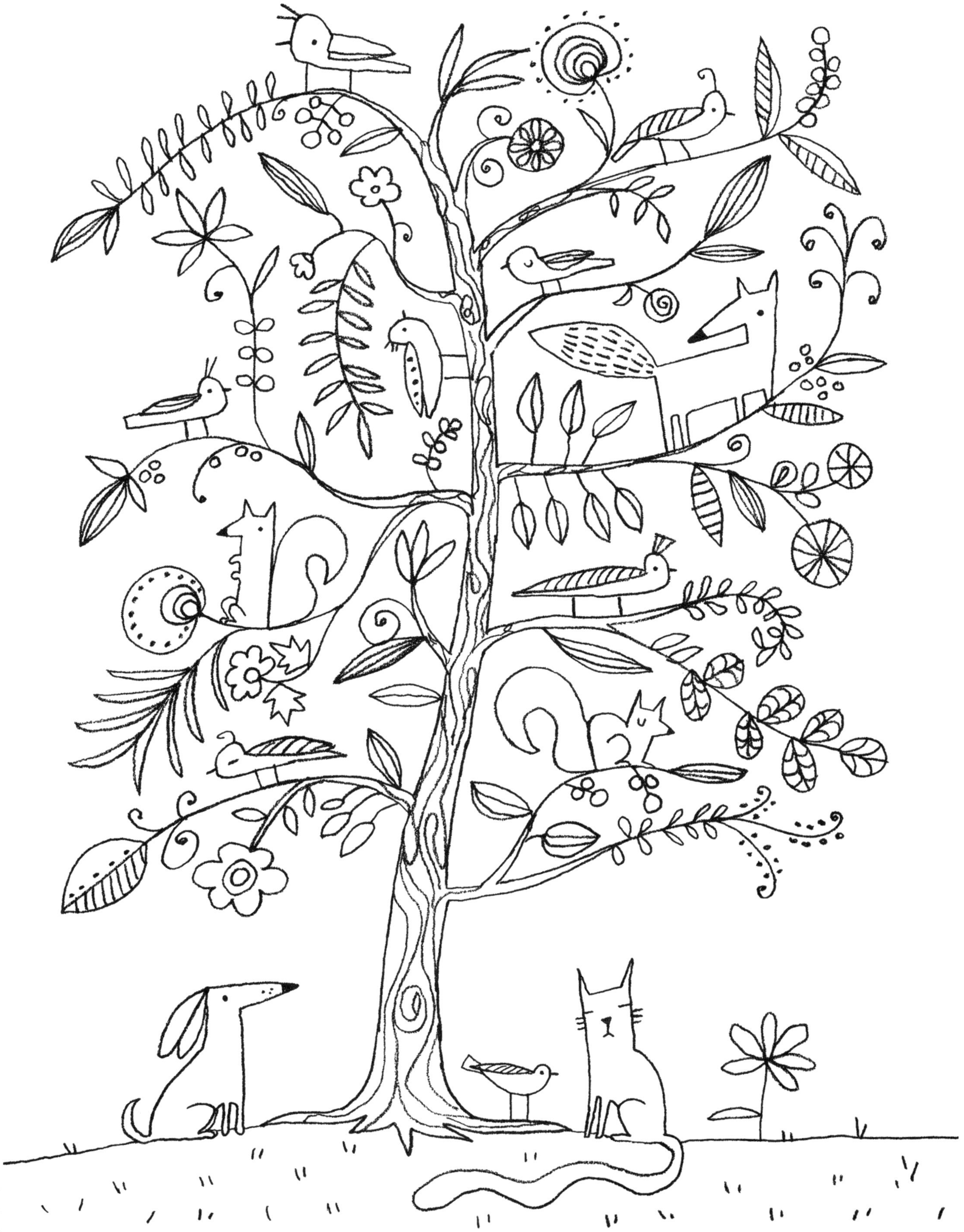

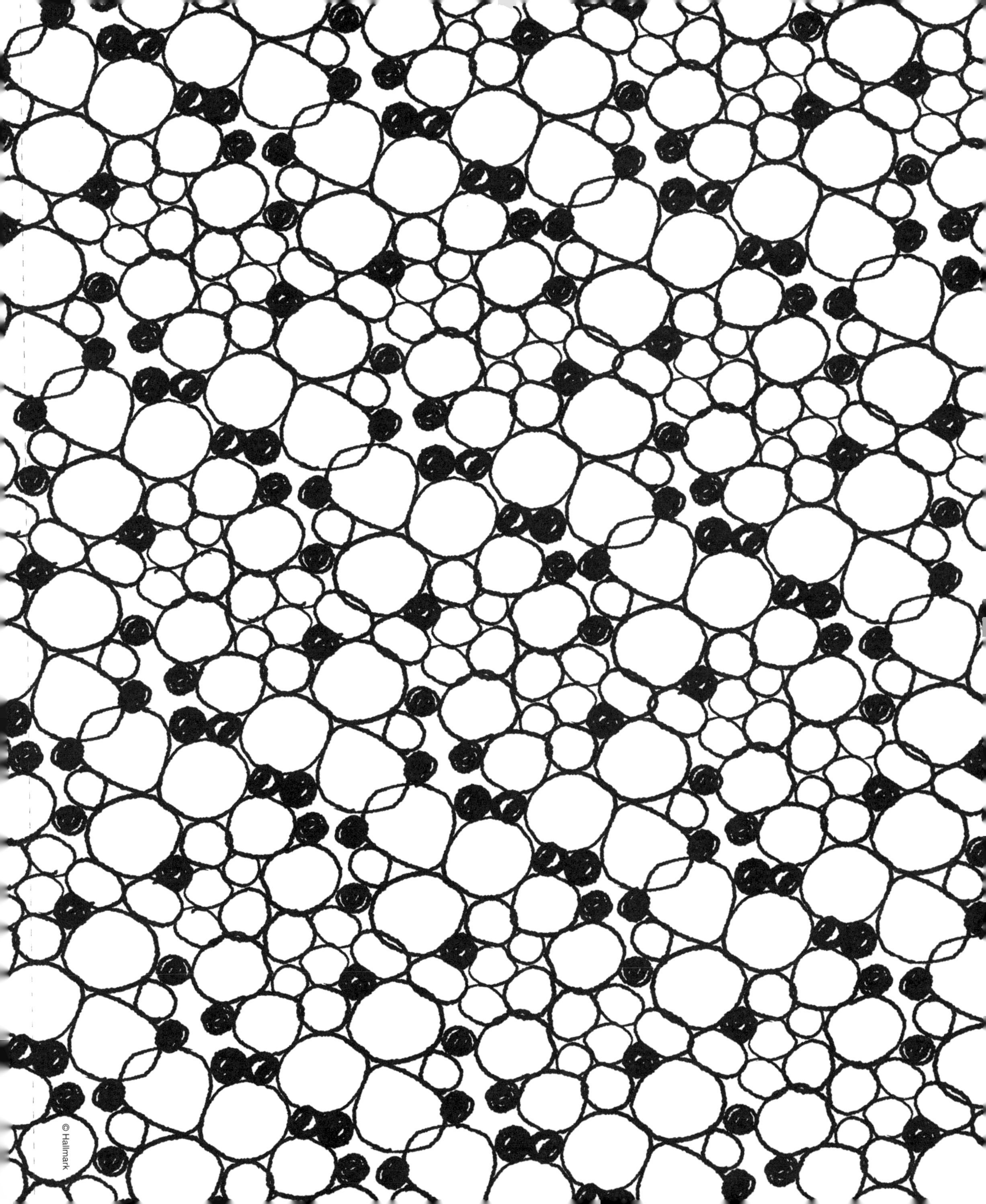

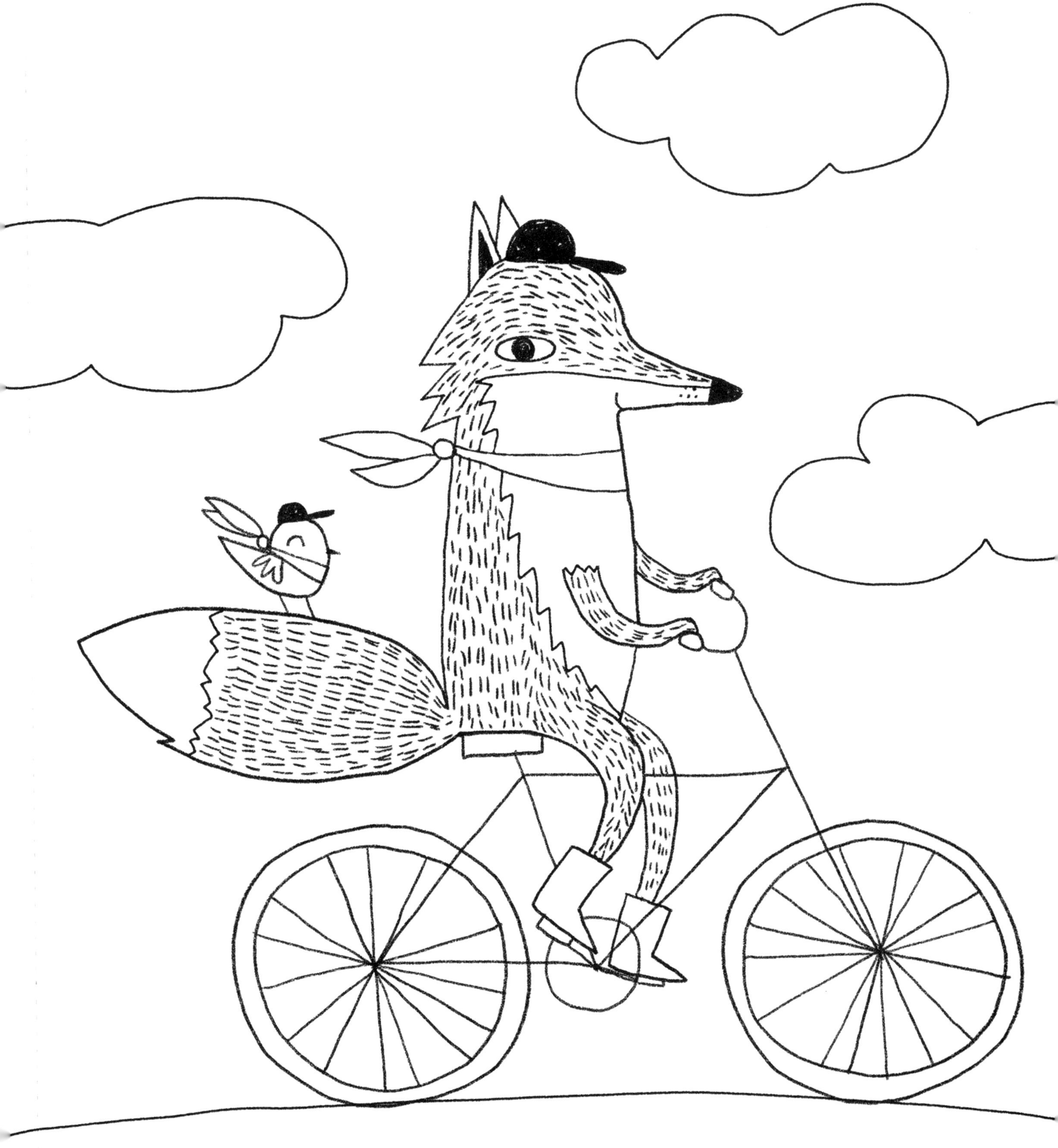

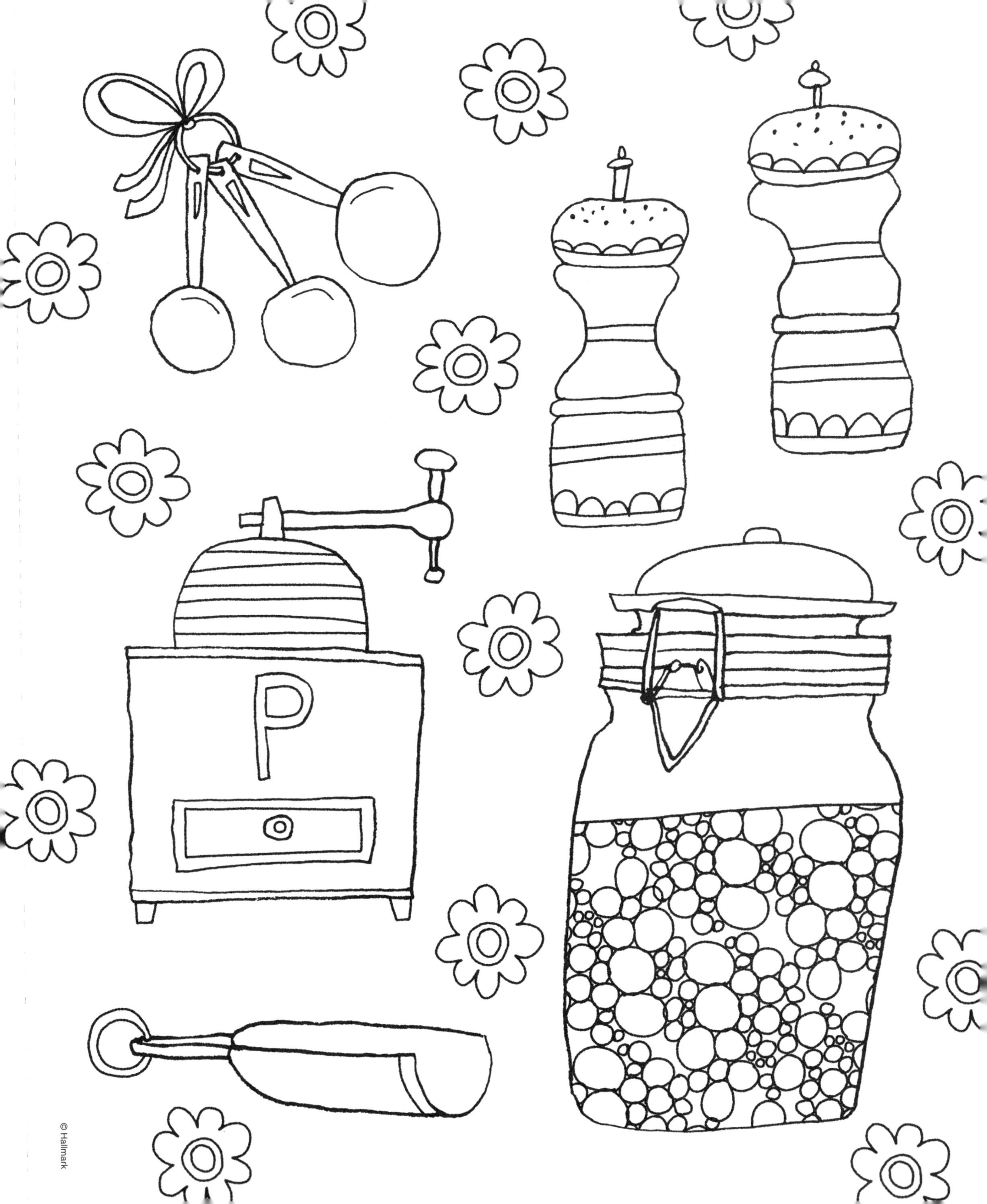
P

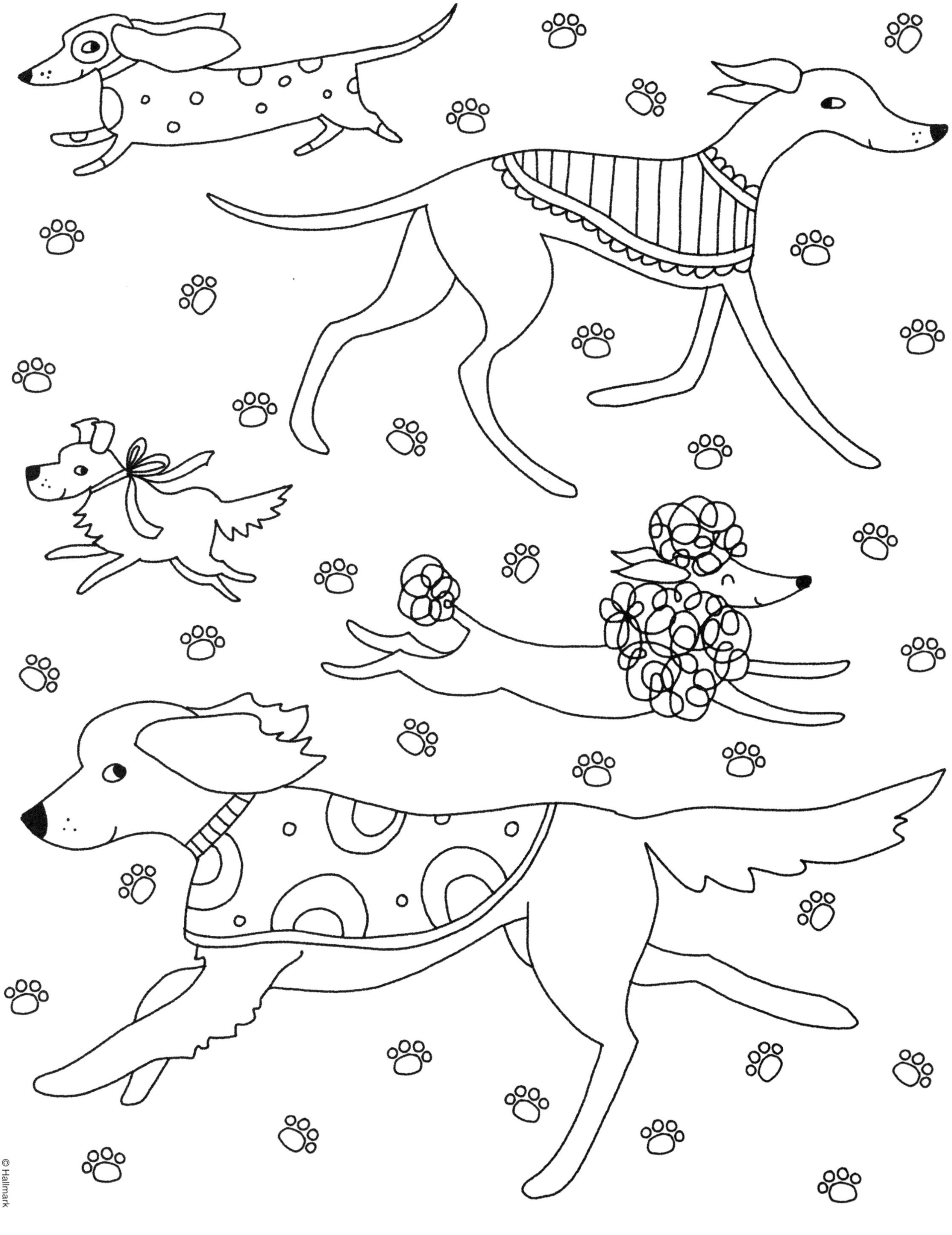

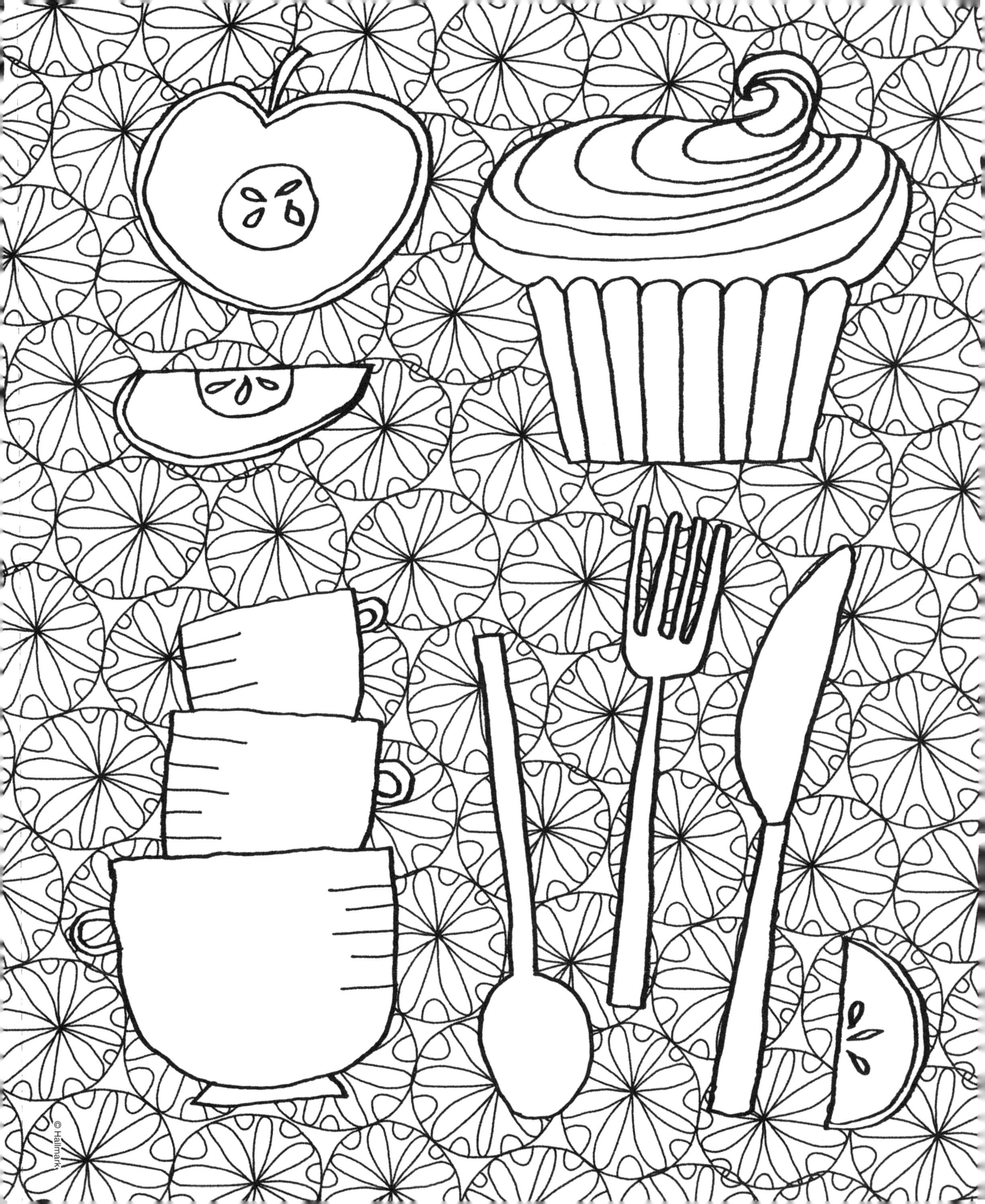

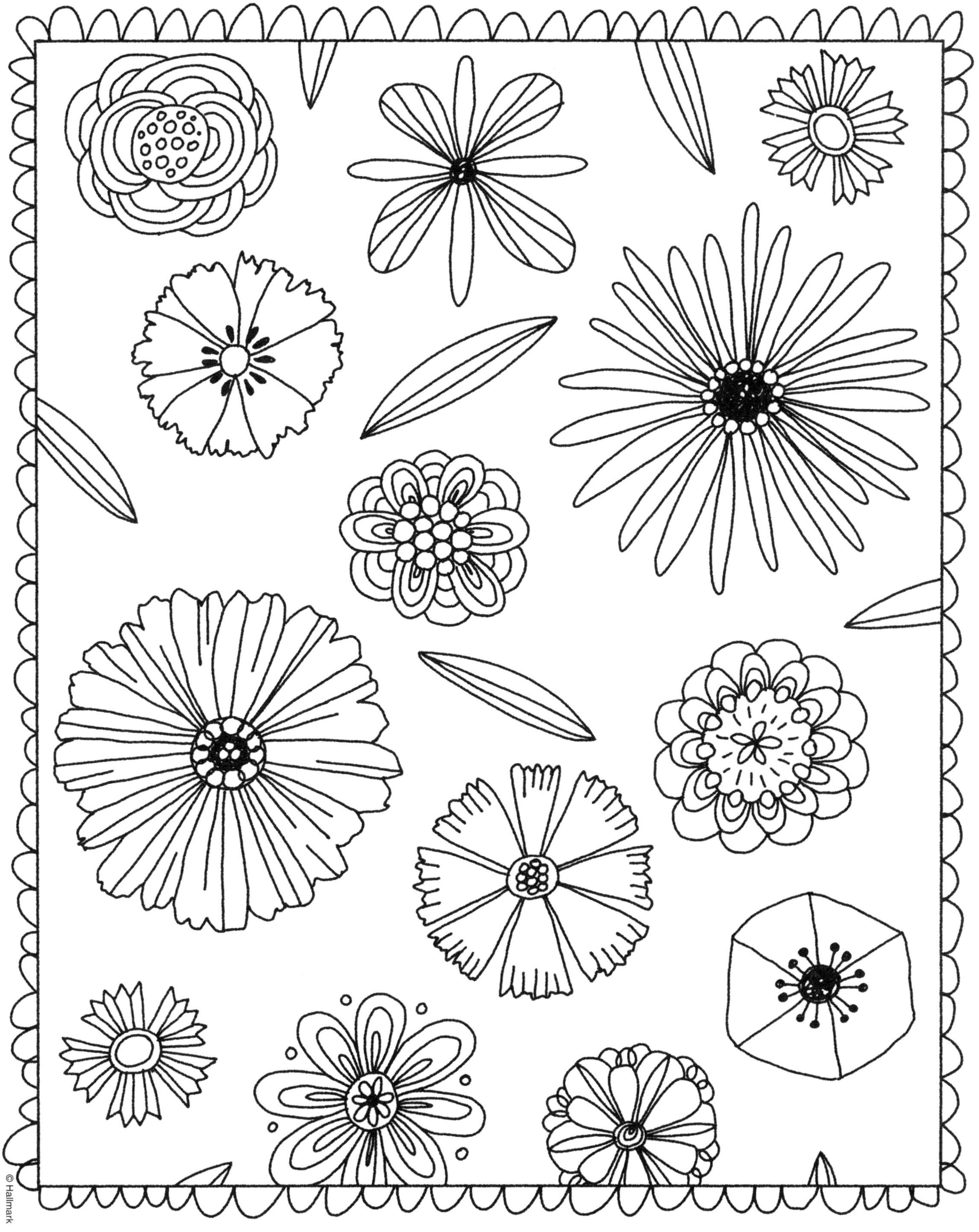

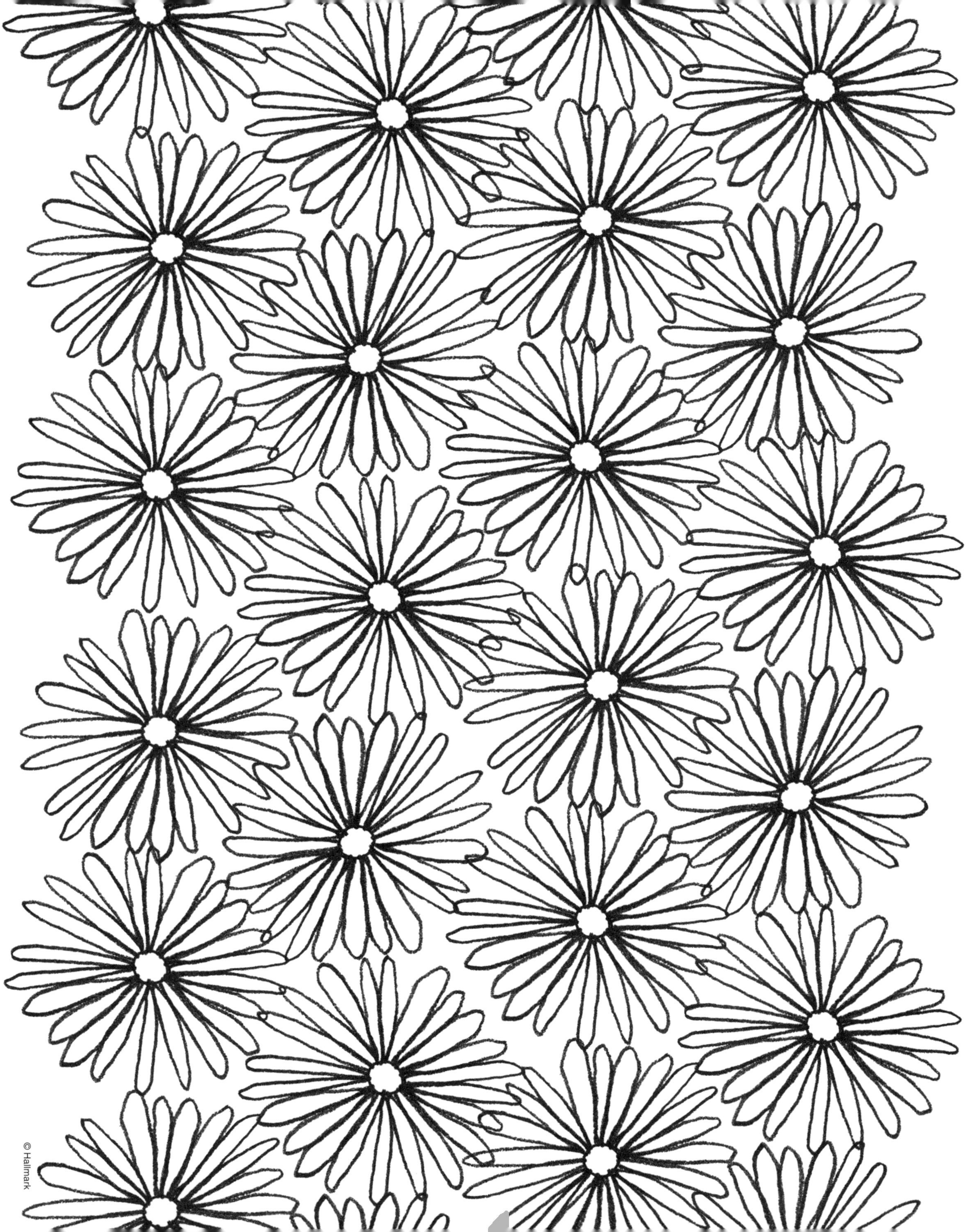

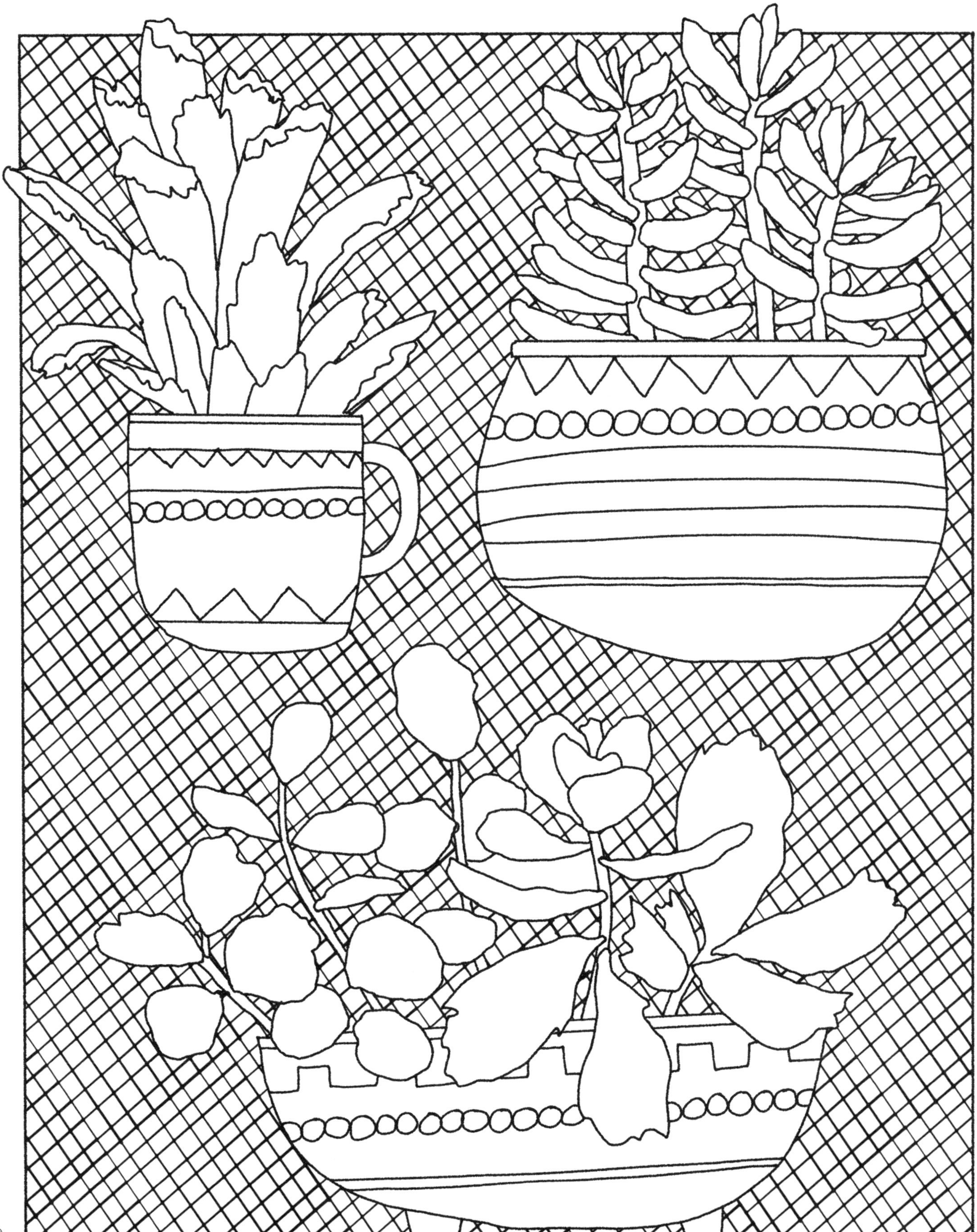

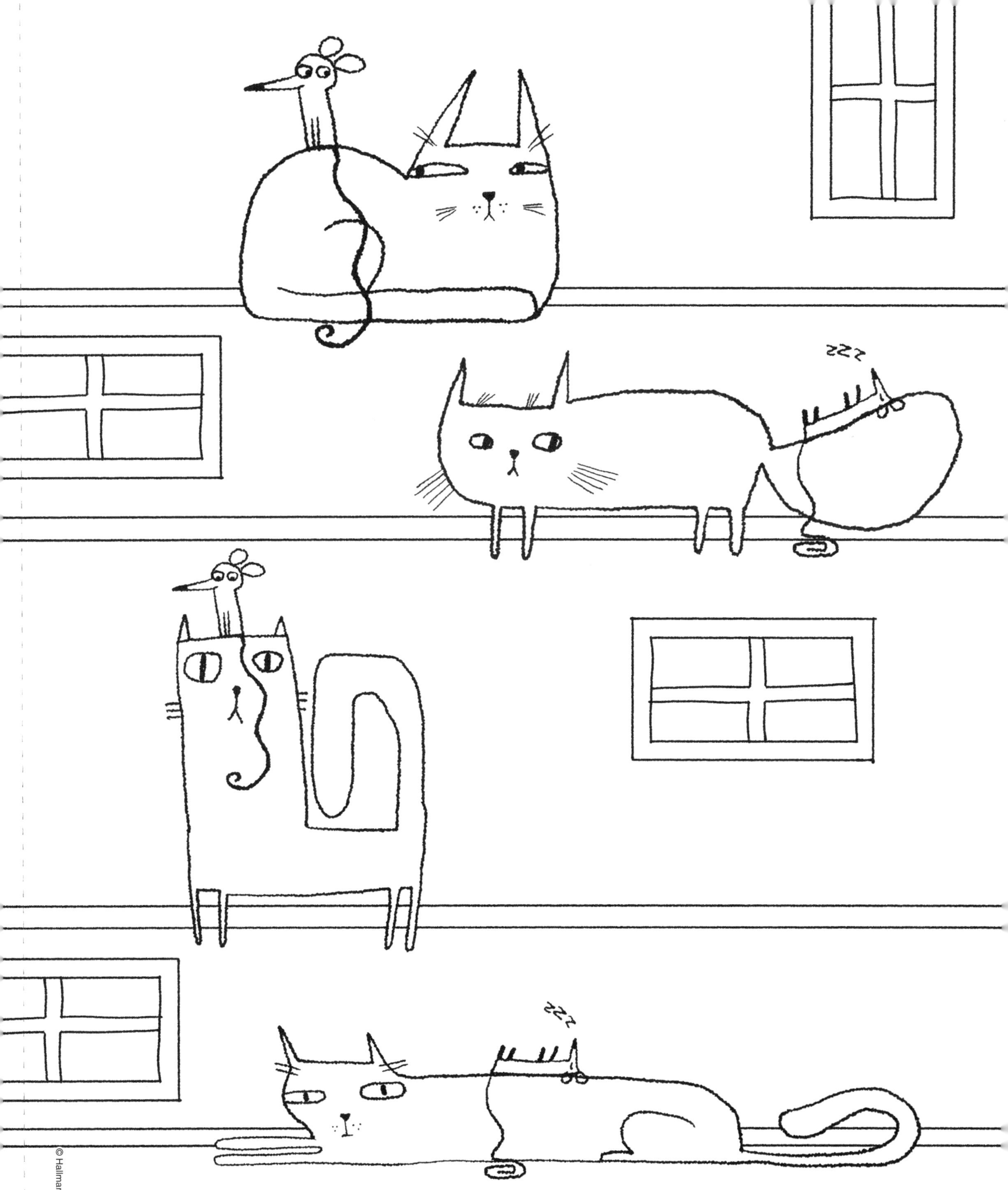
zzz
zzz

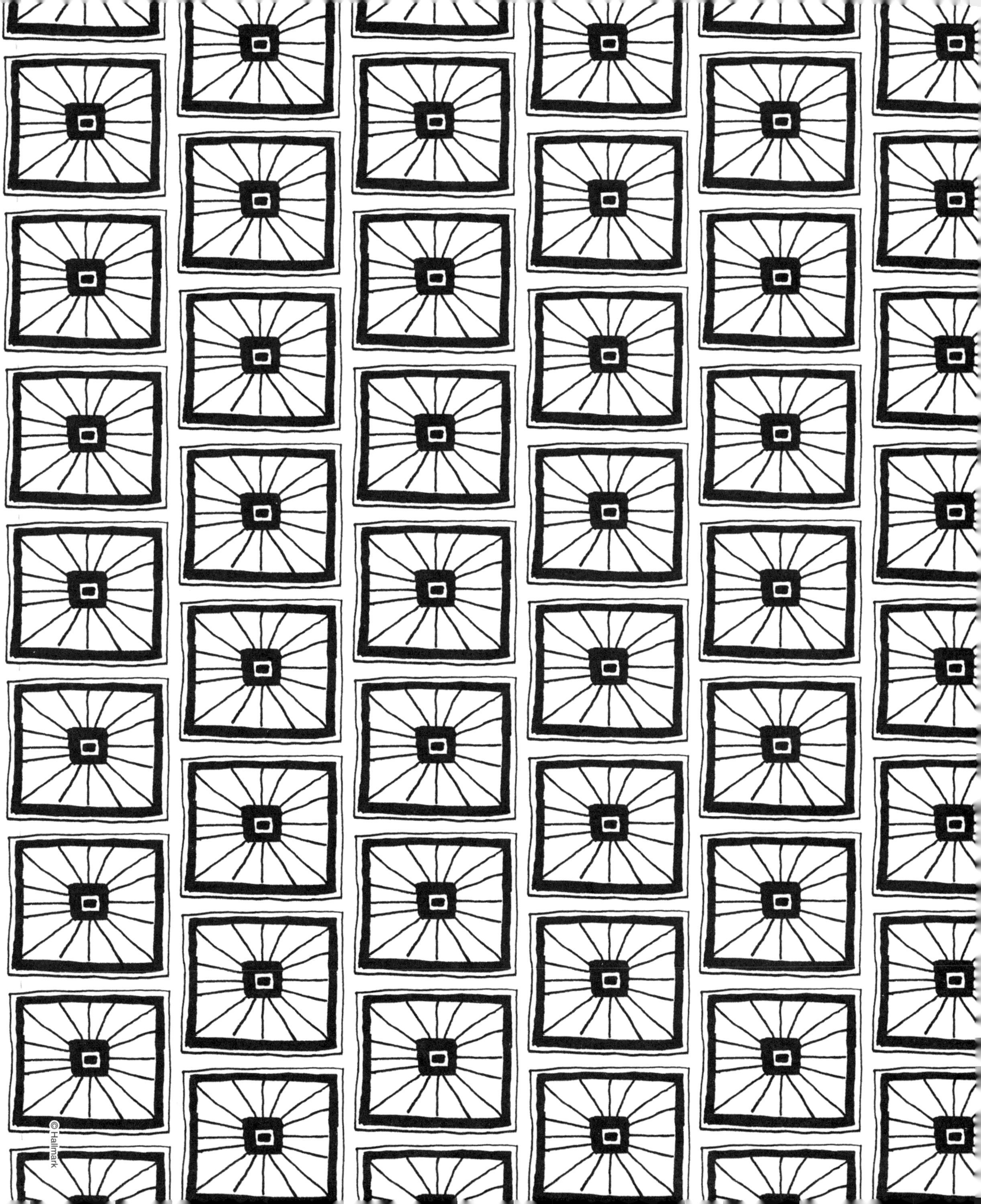

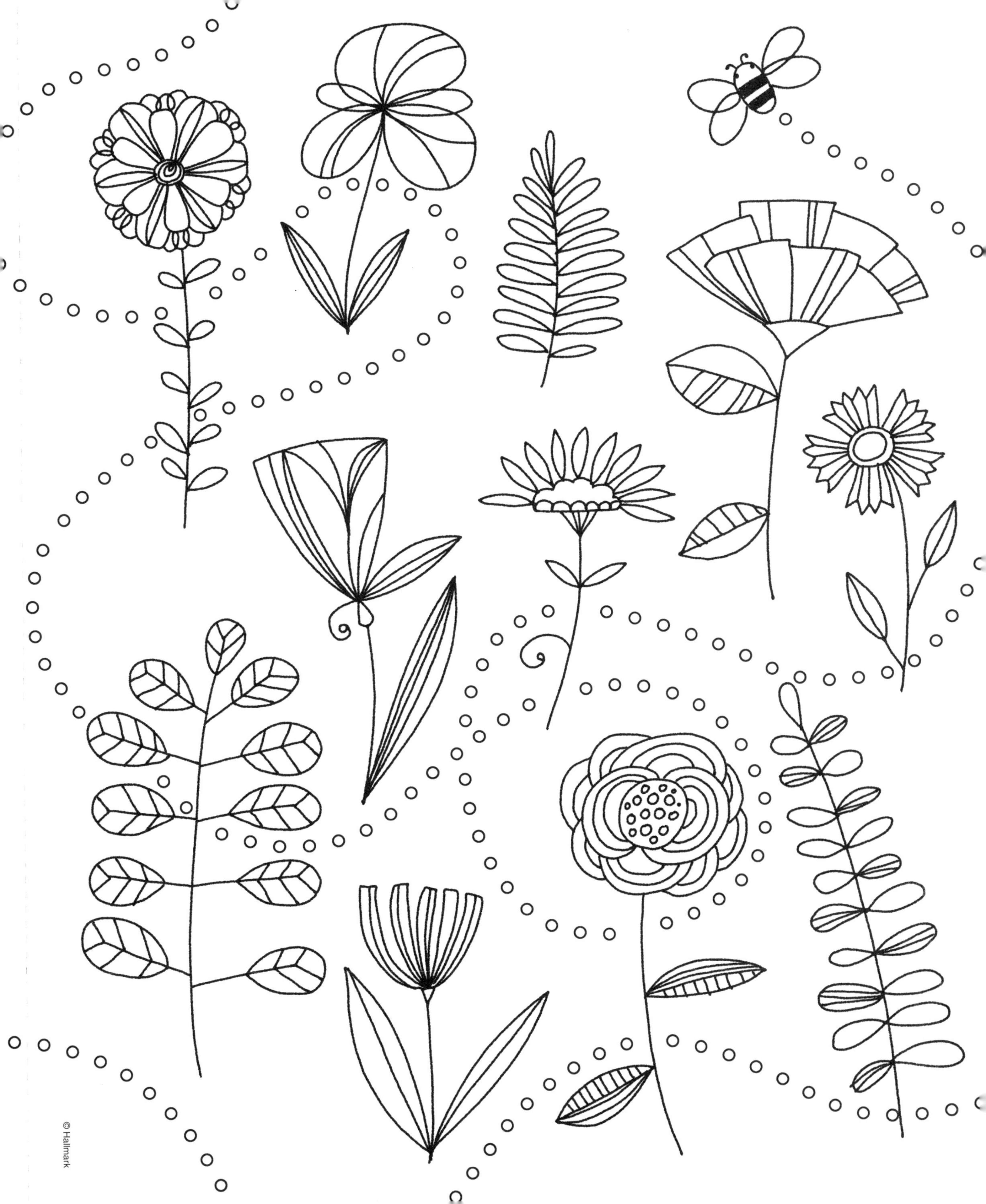

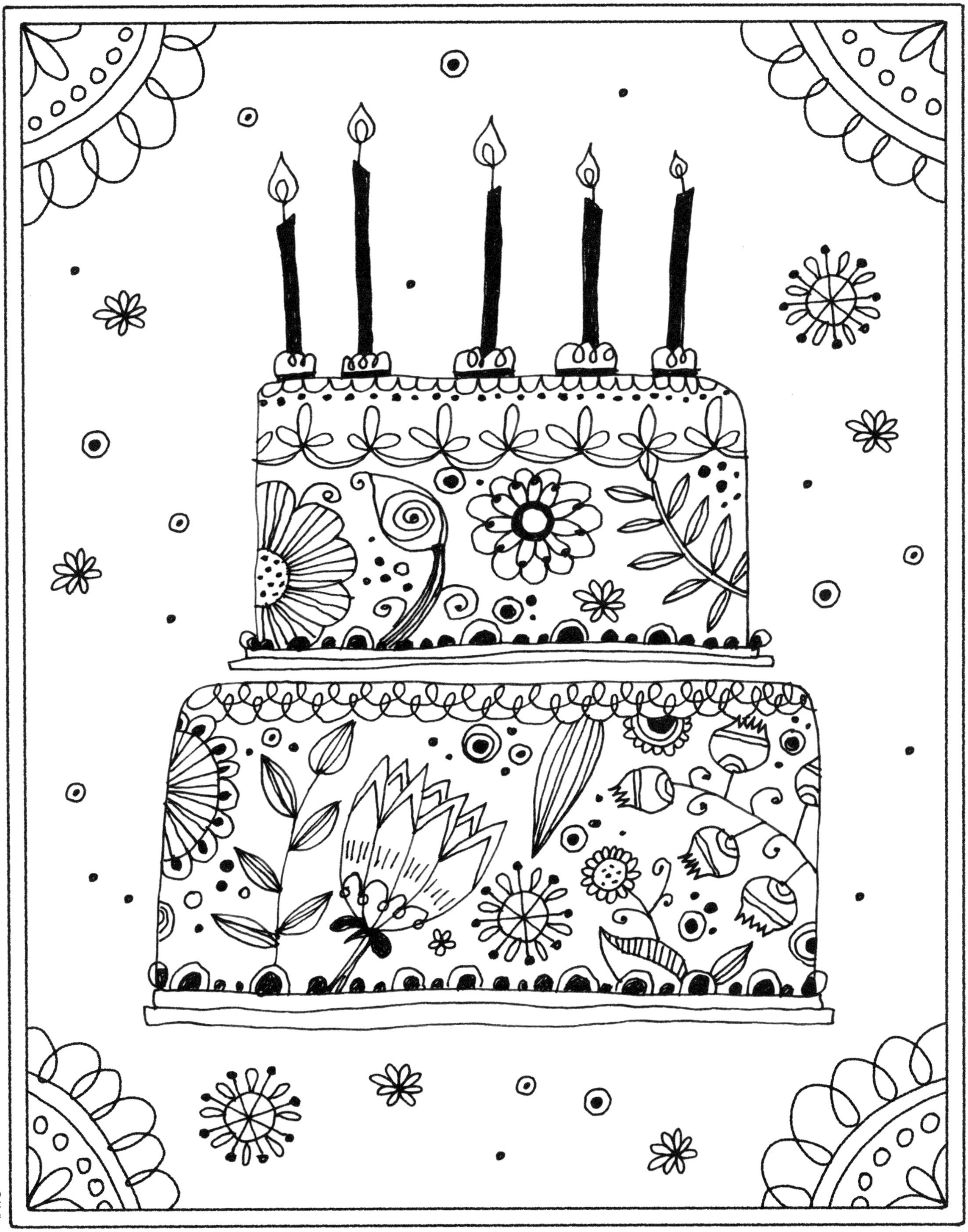

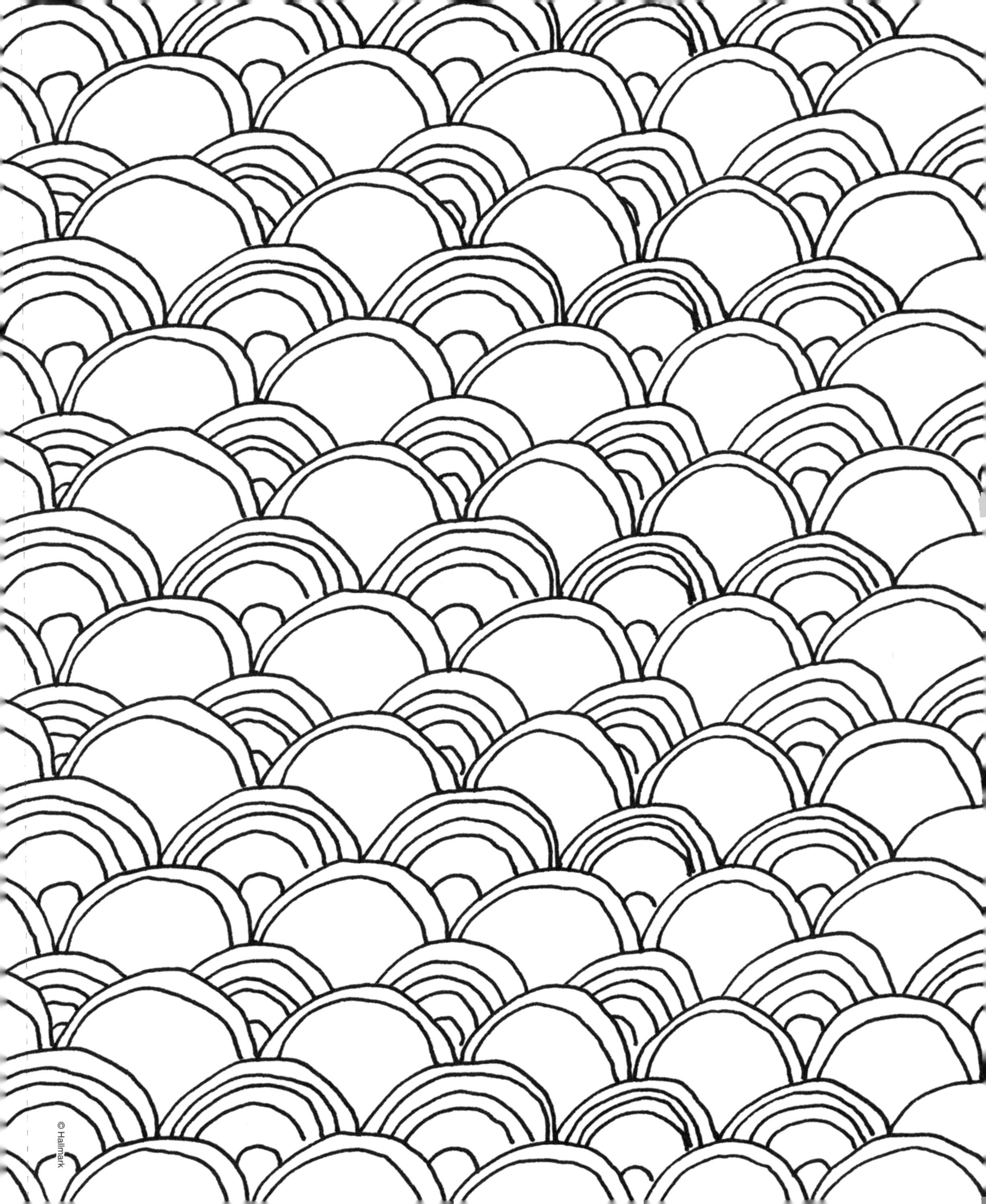

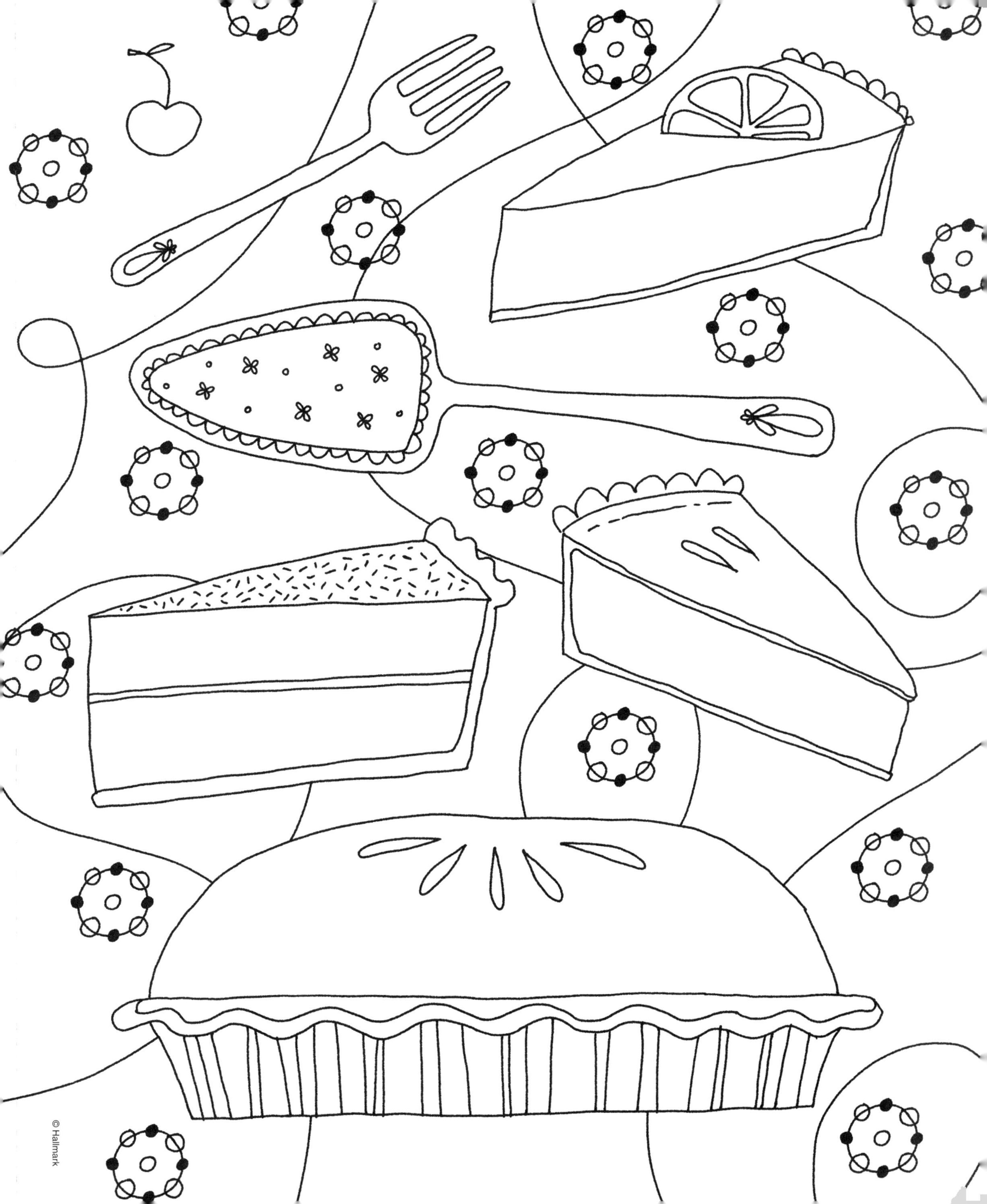

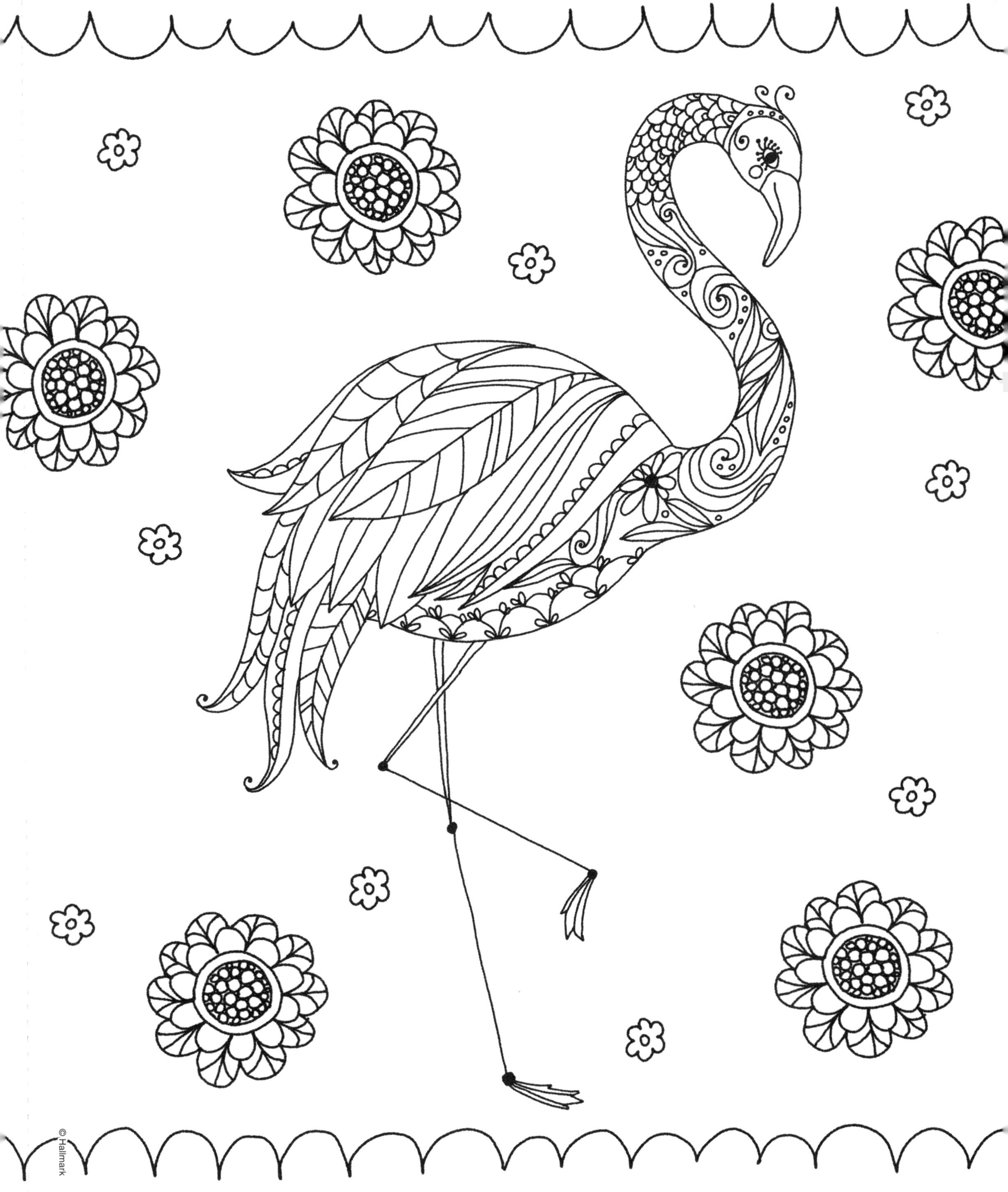

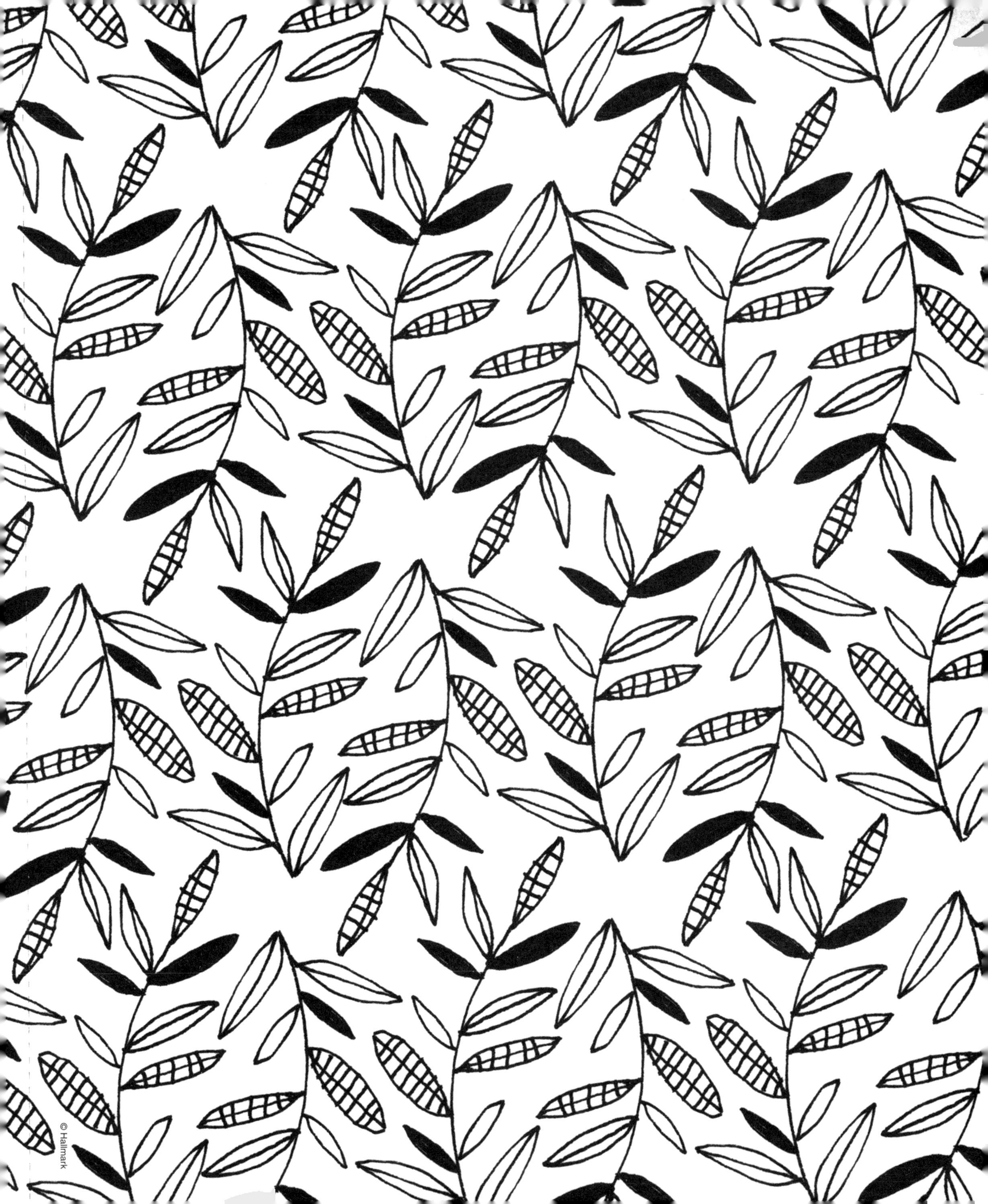

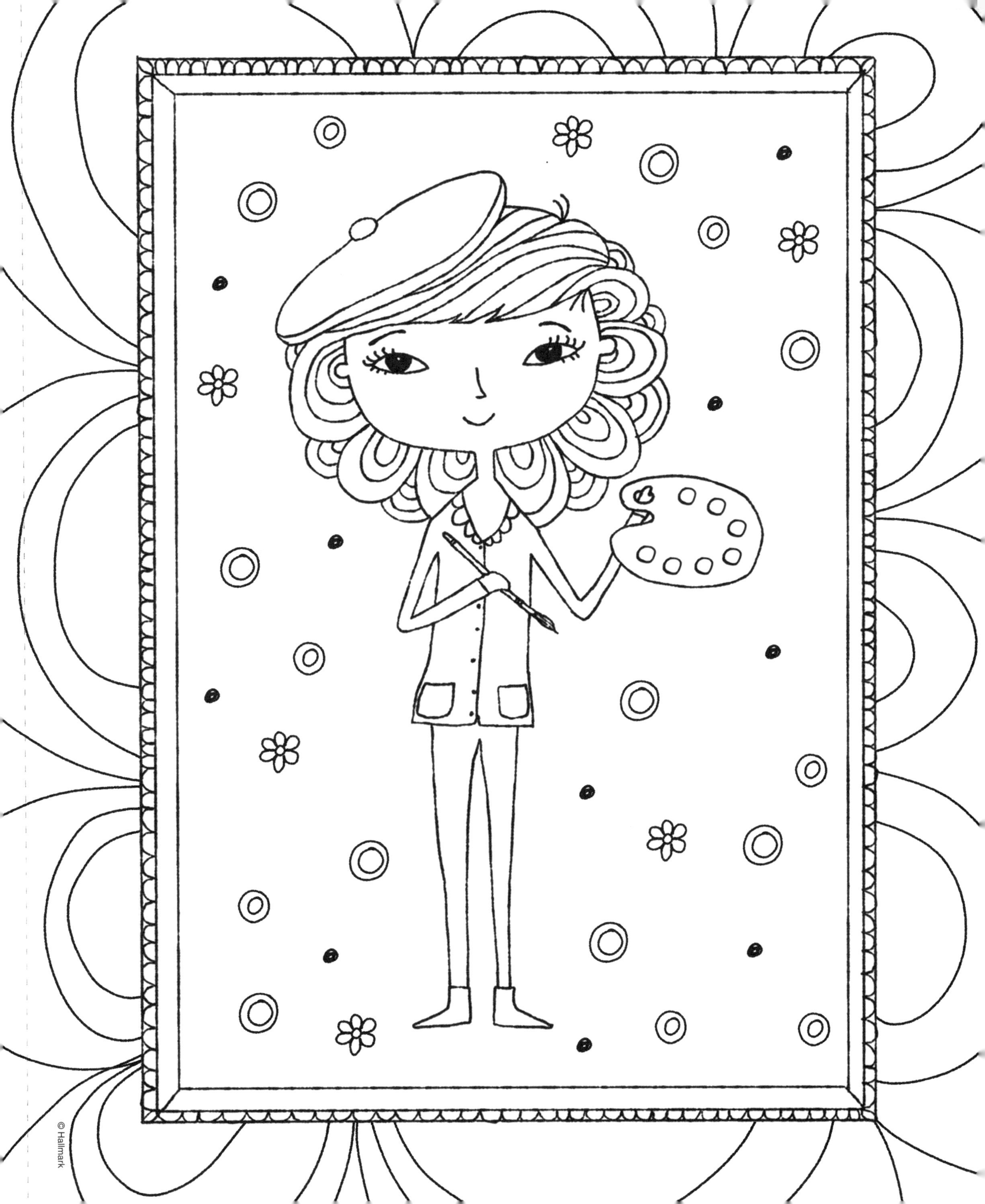

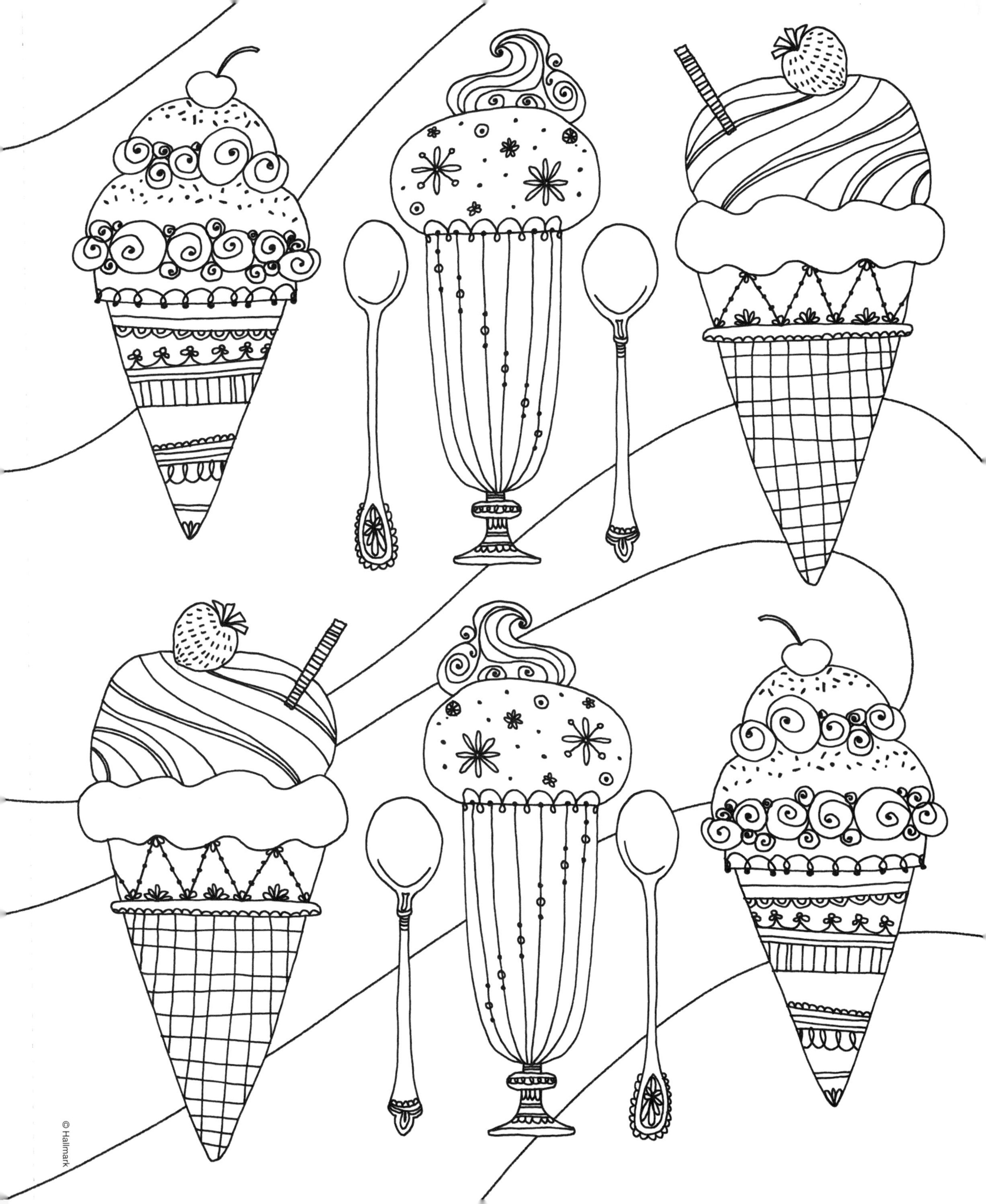

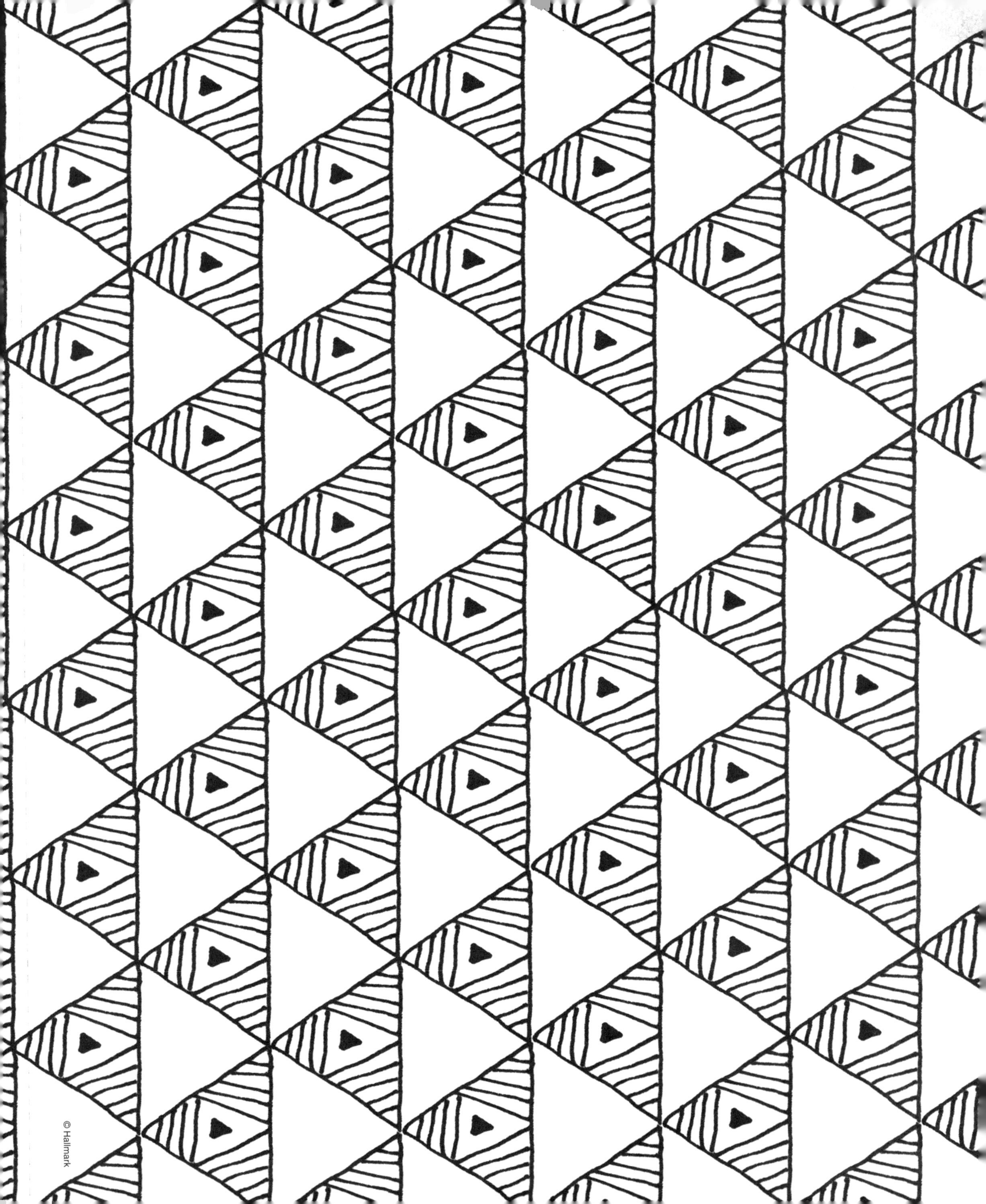

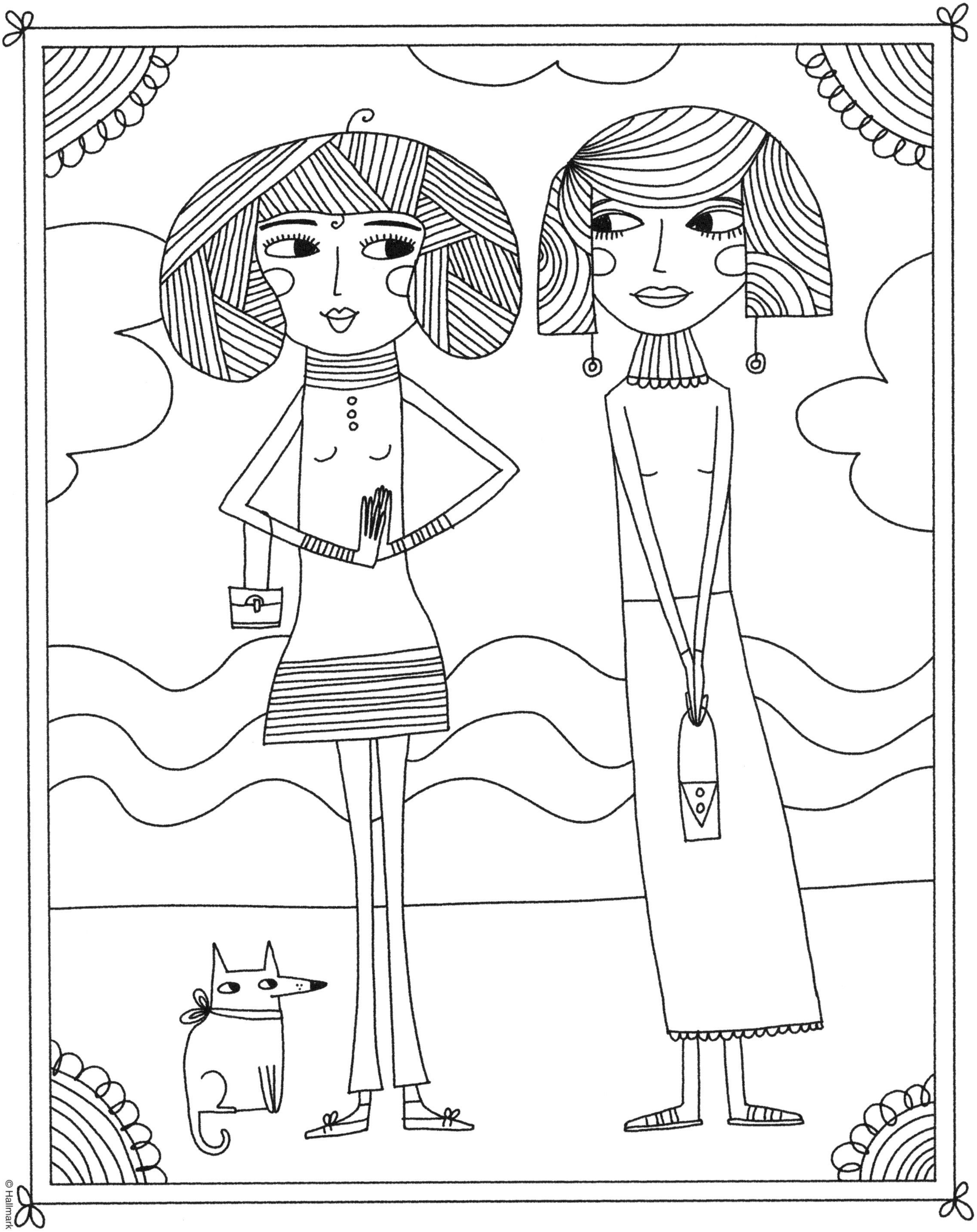

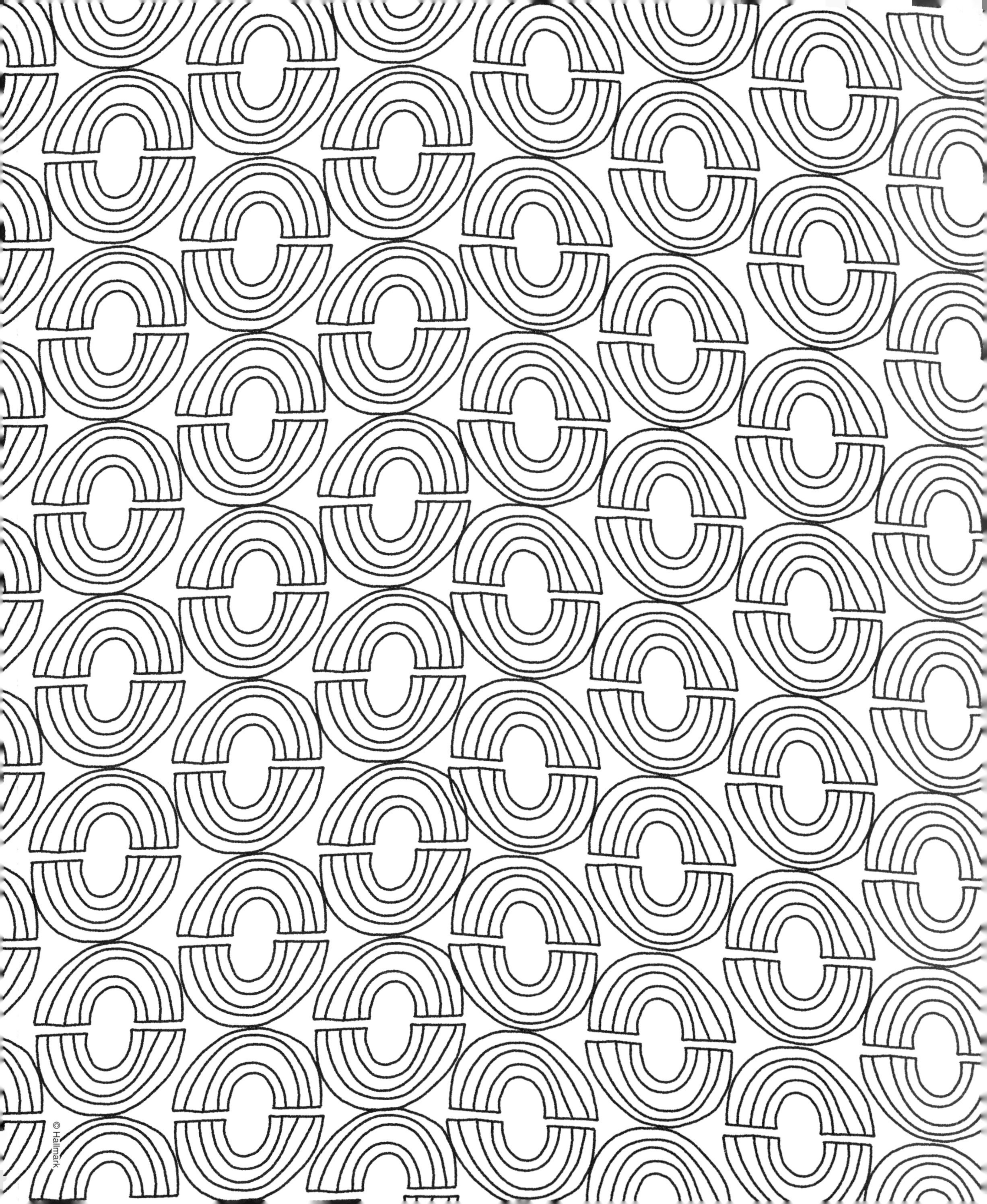

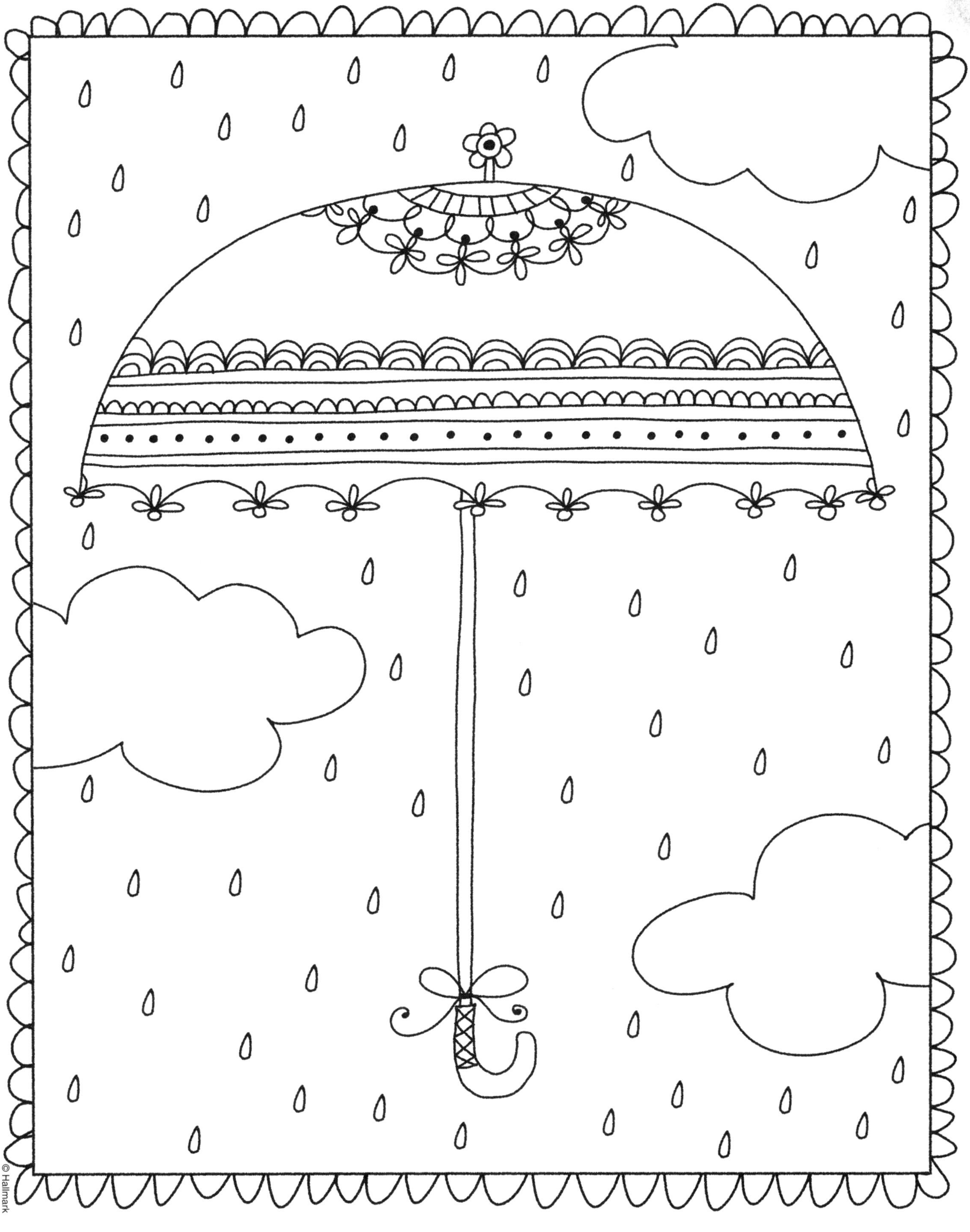

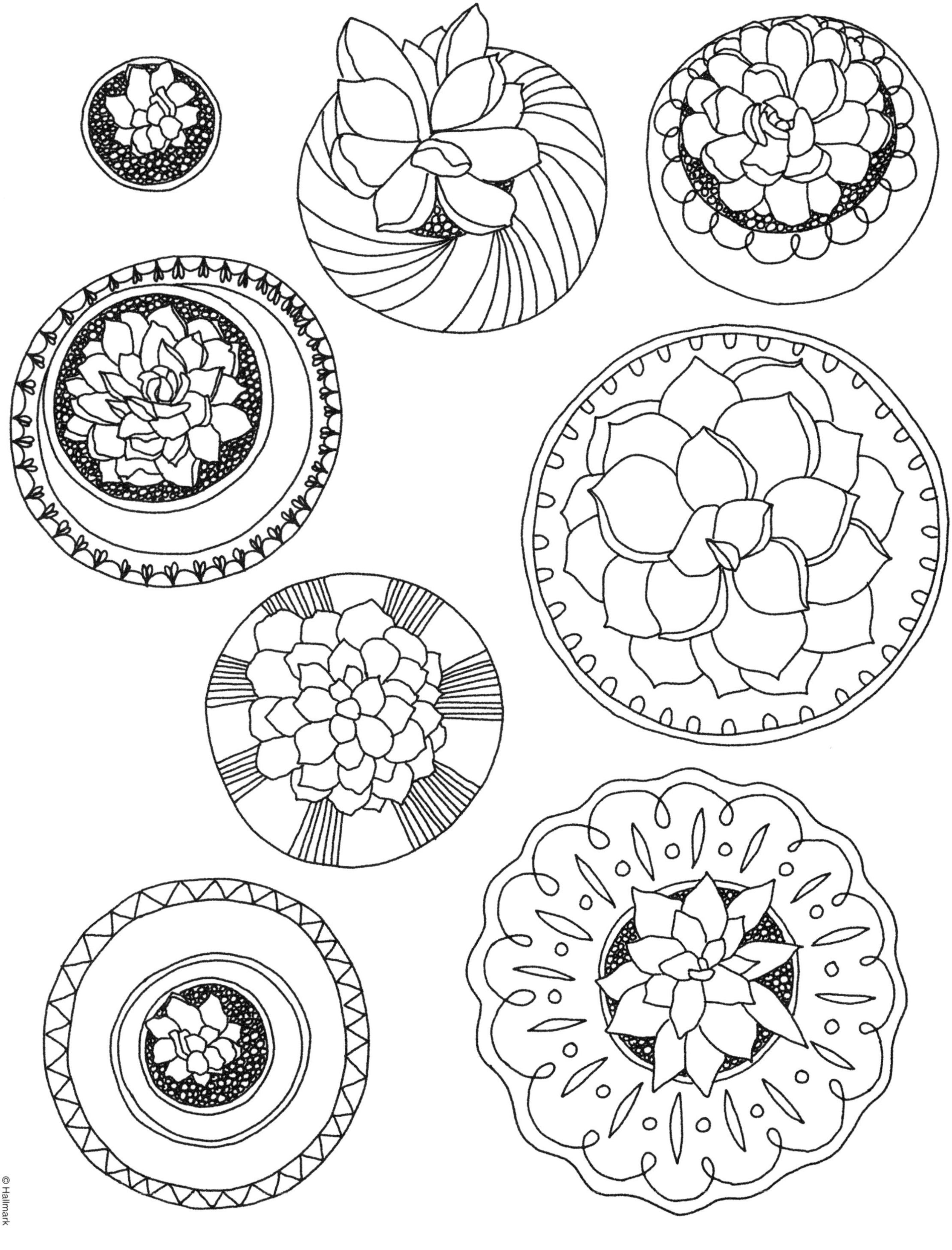

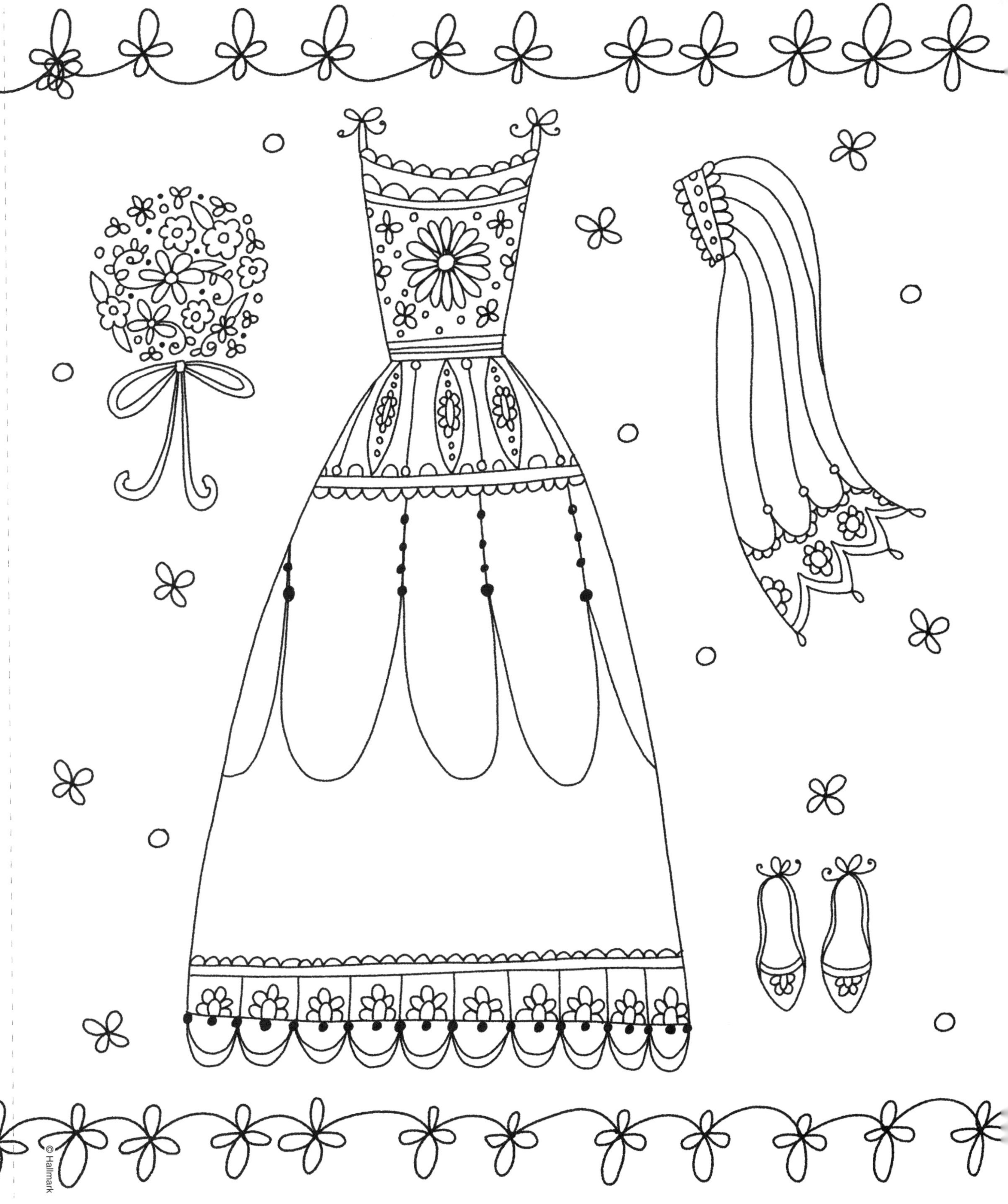

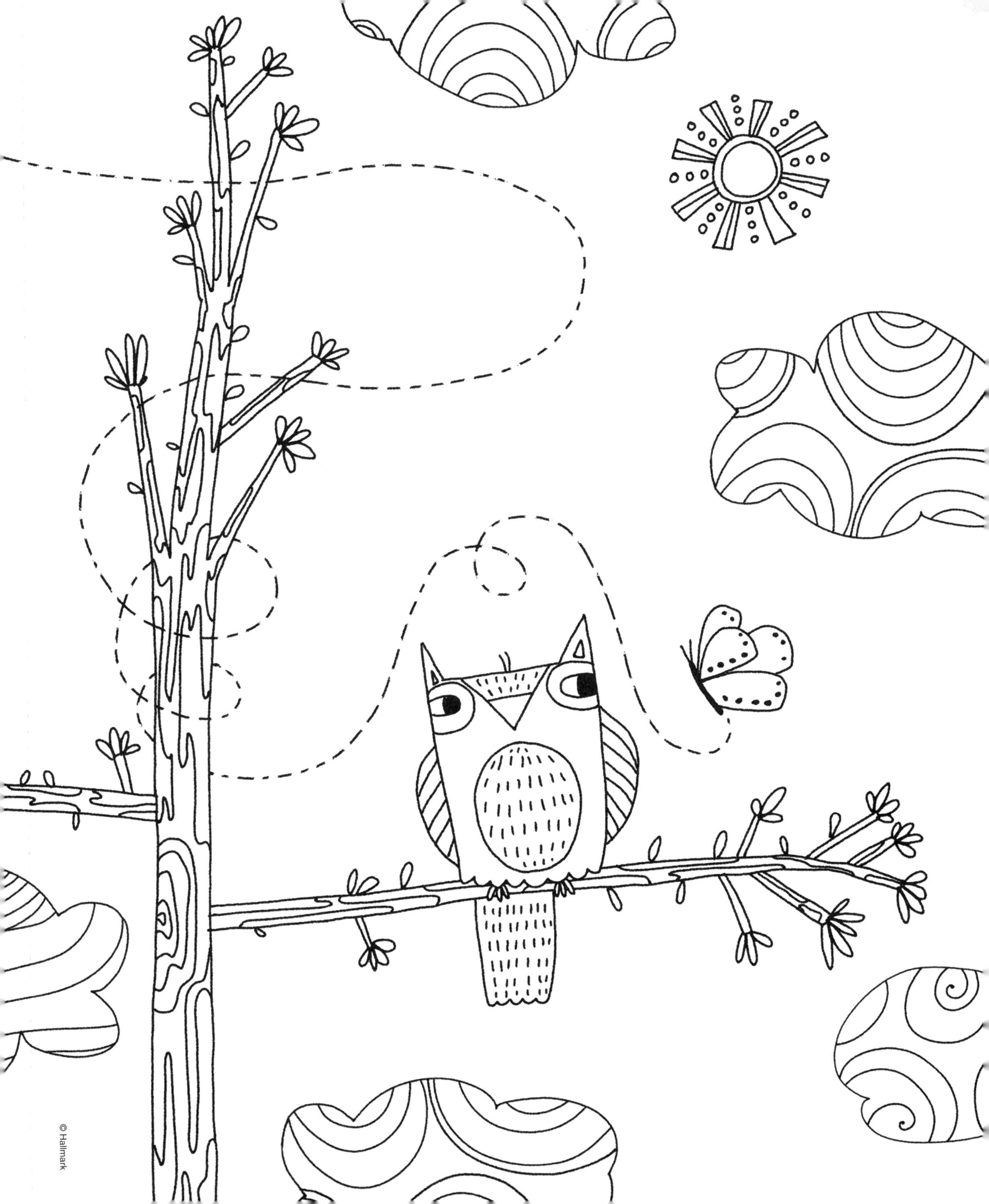

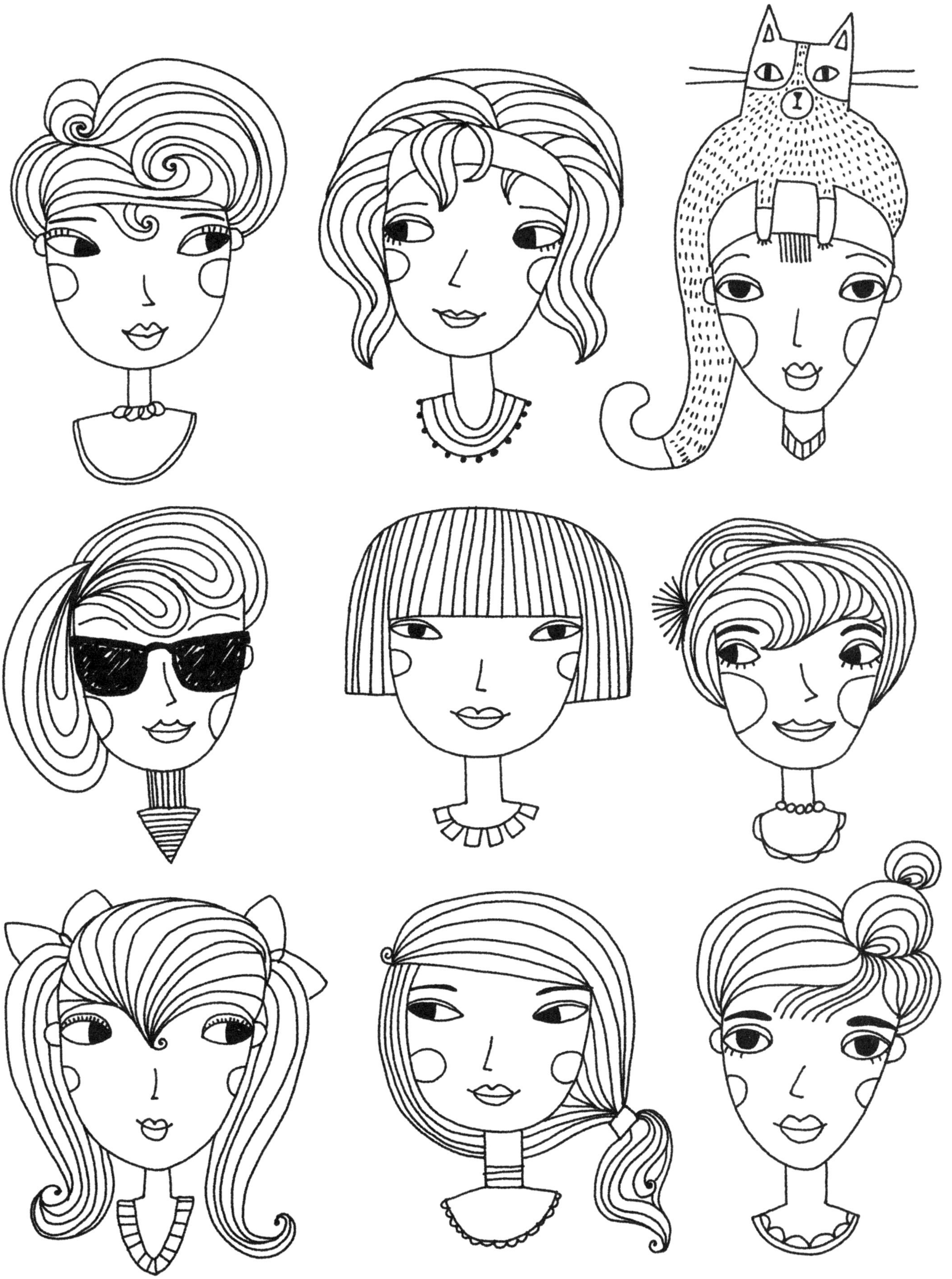

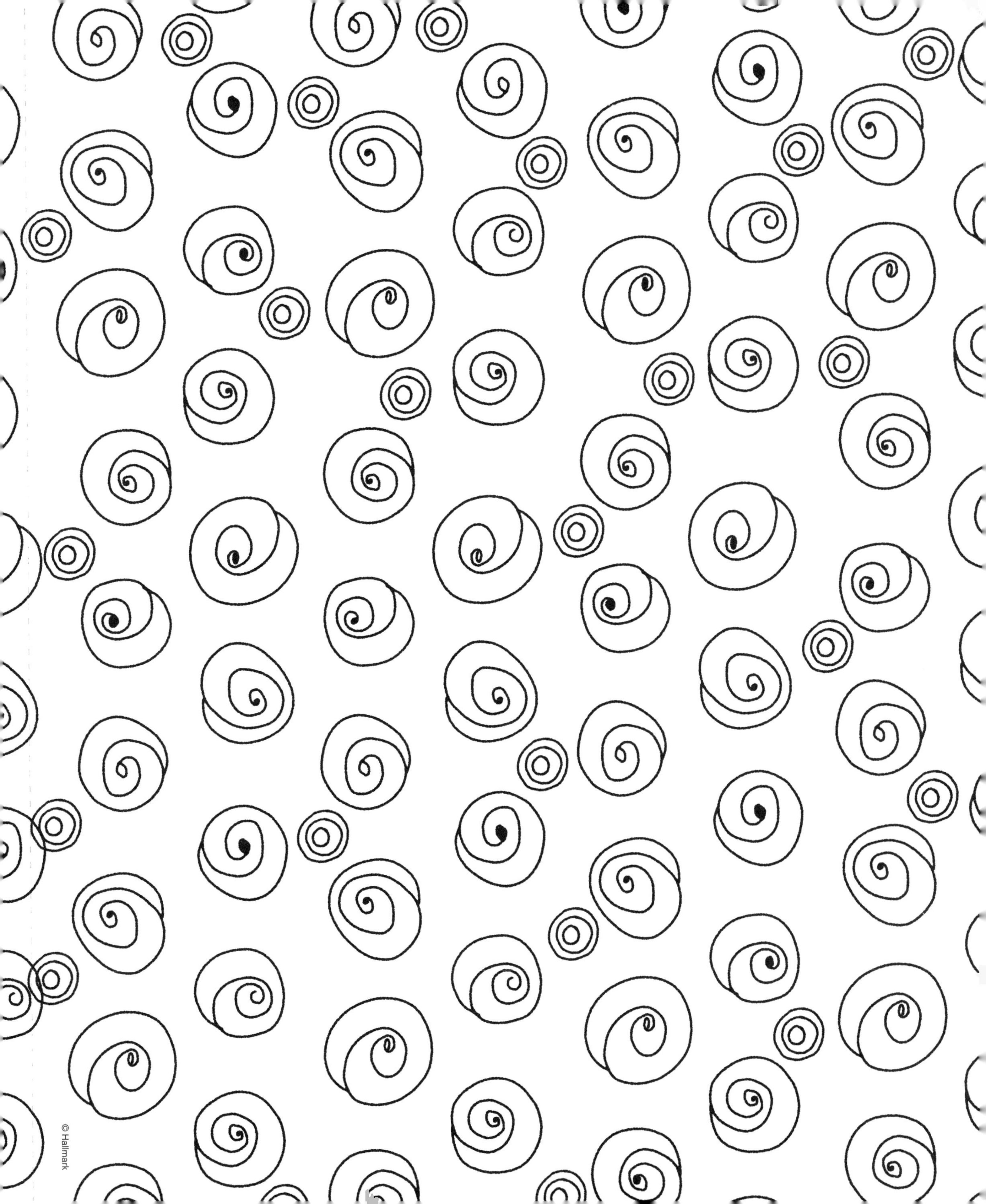

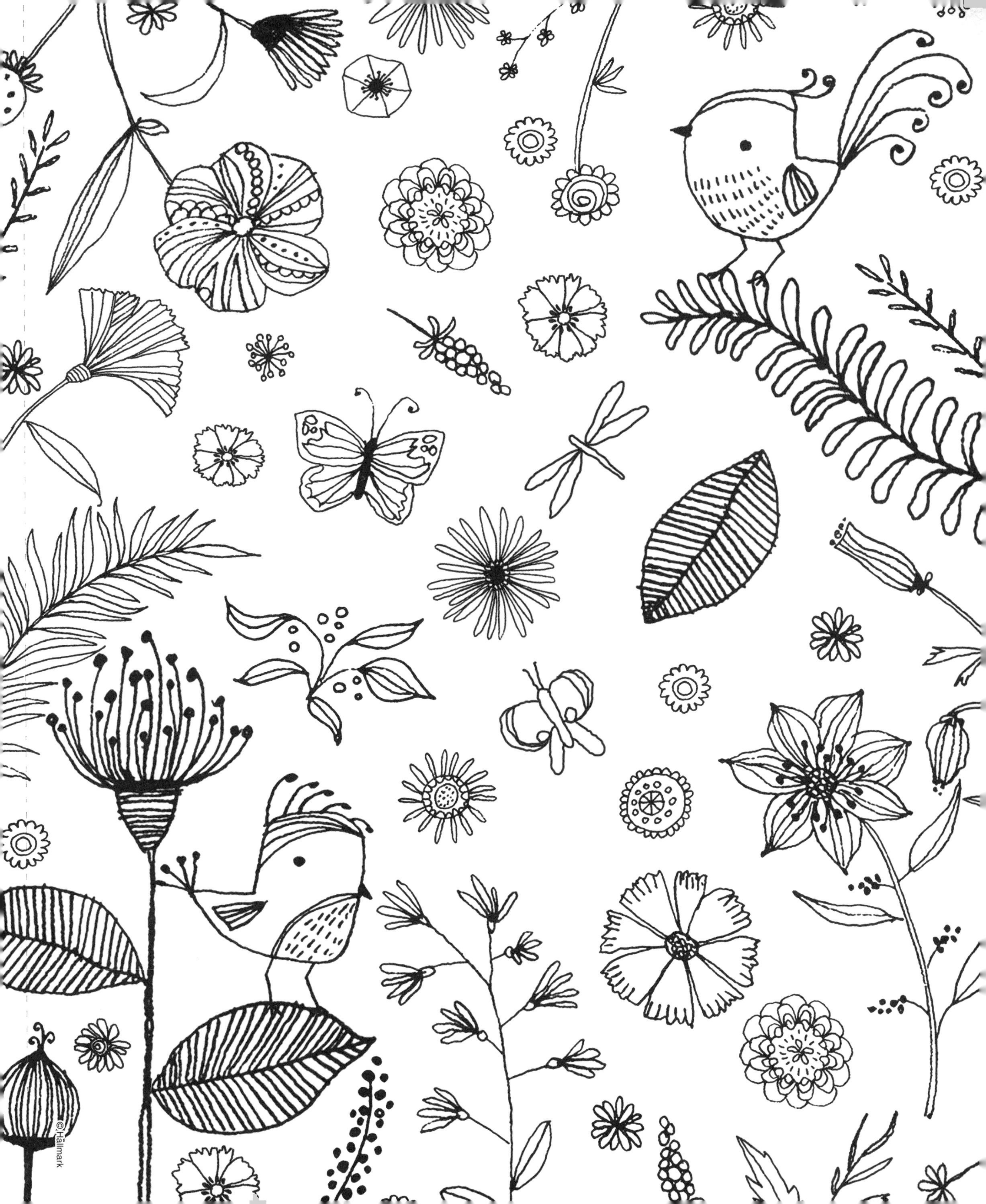

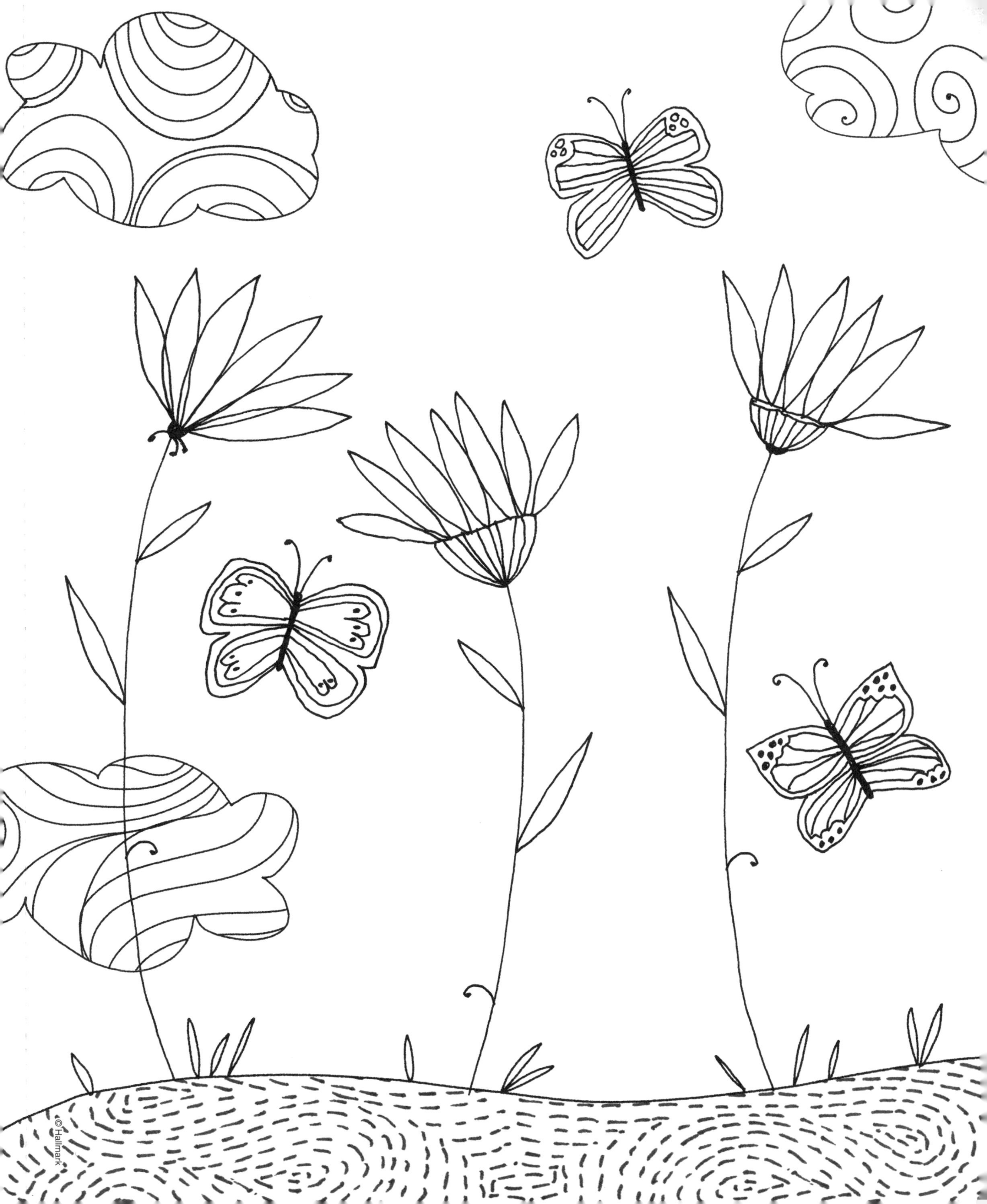

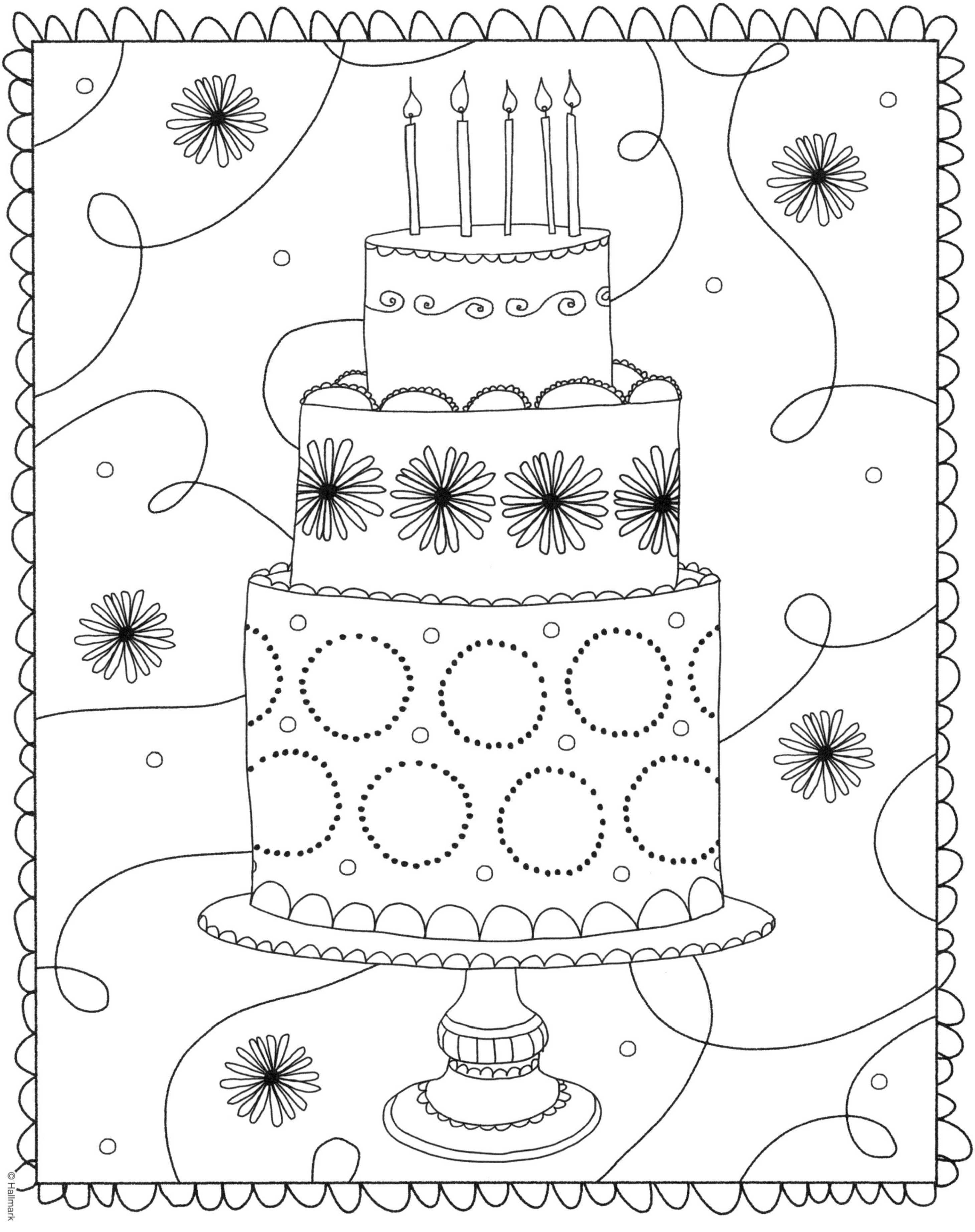

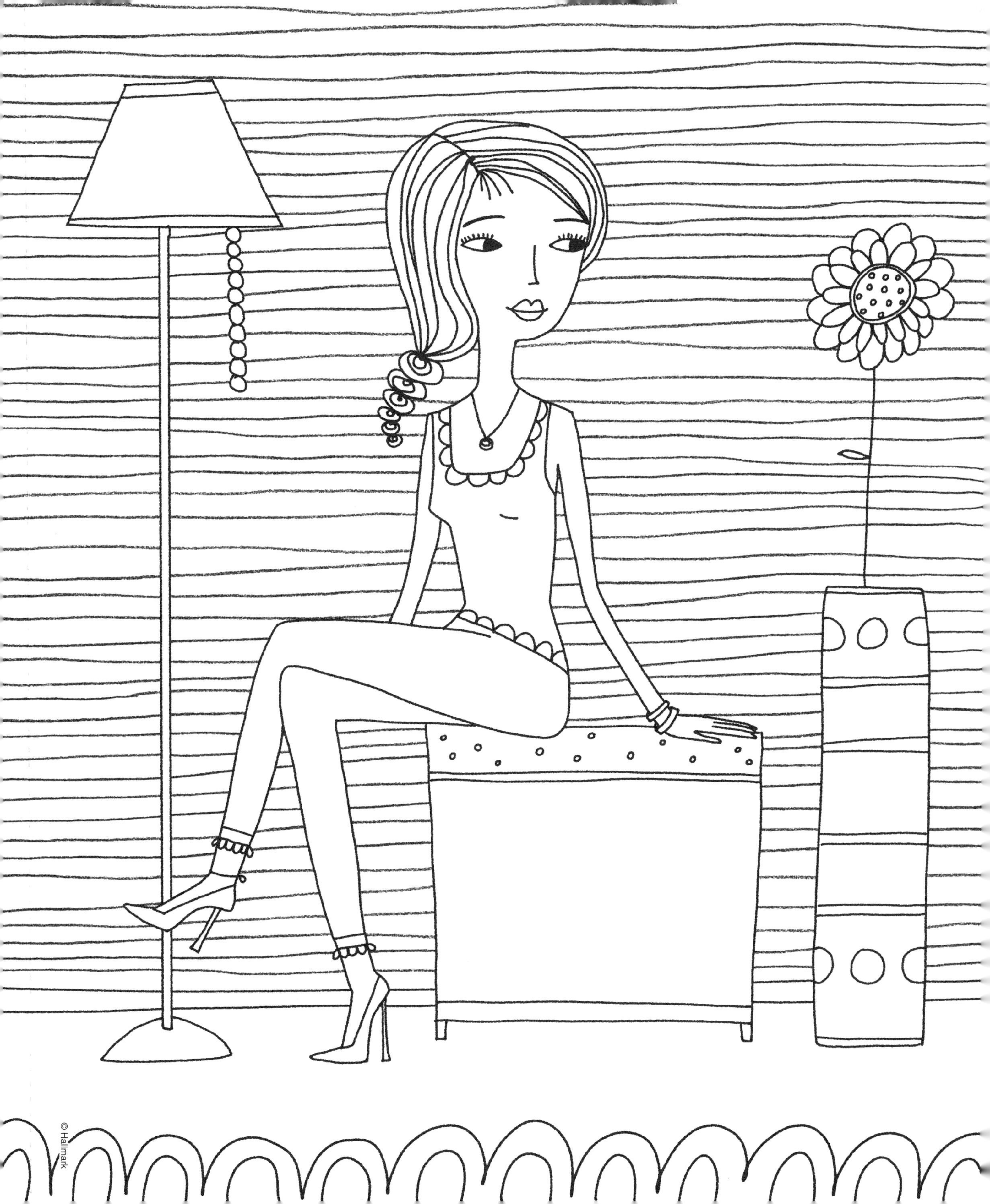

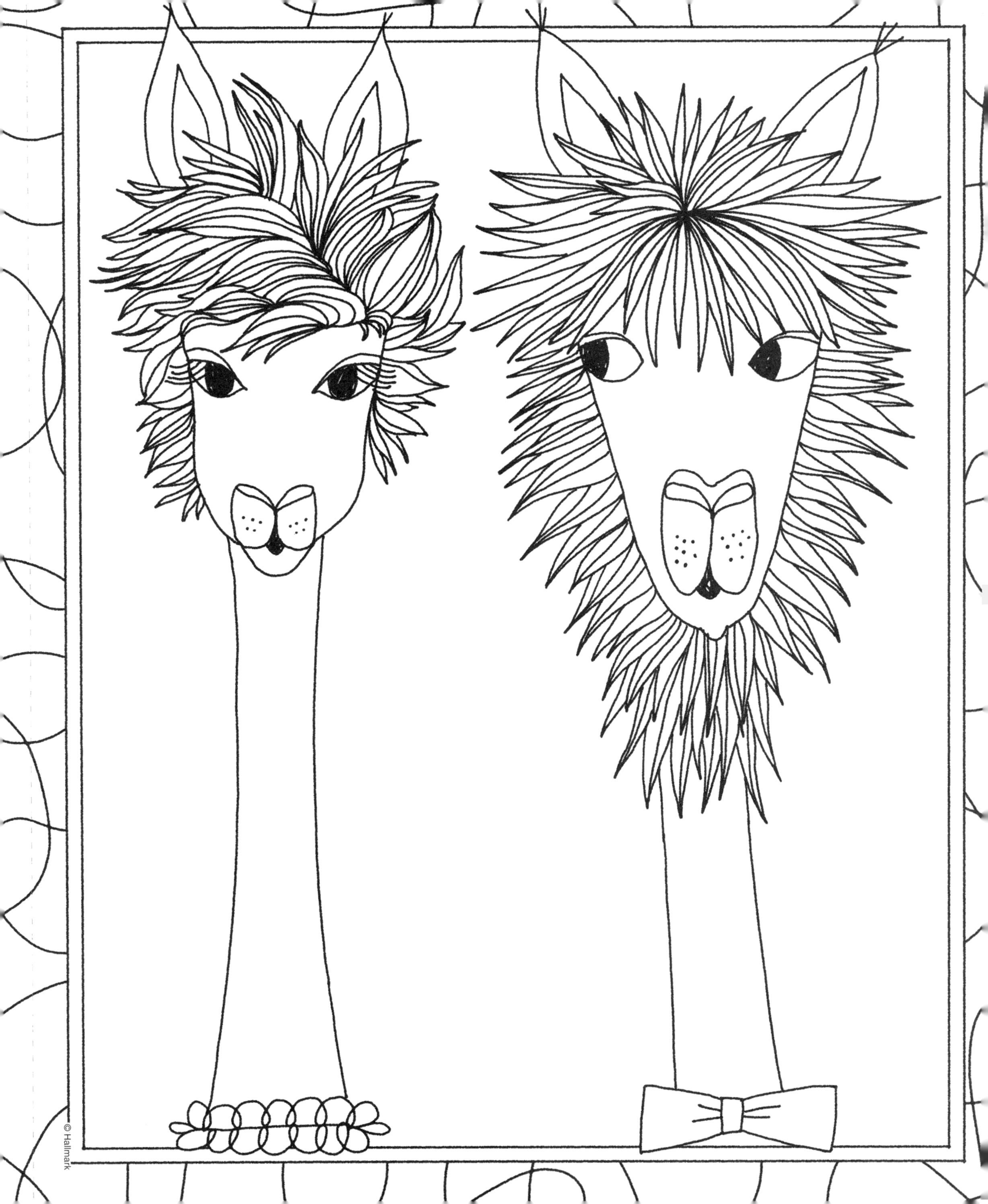

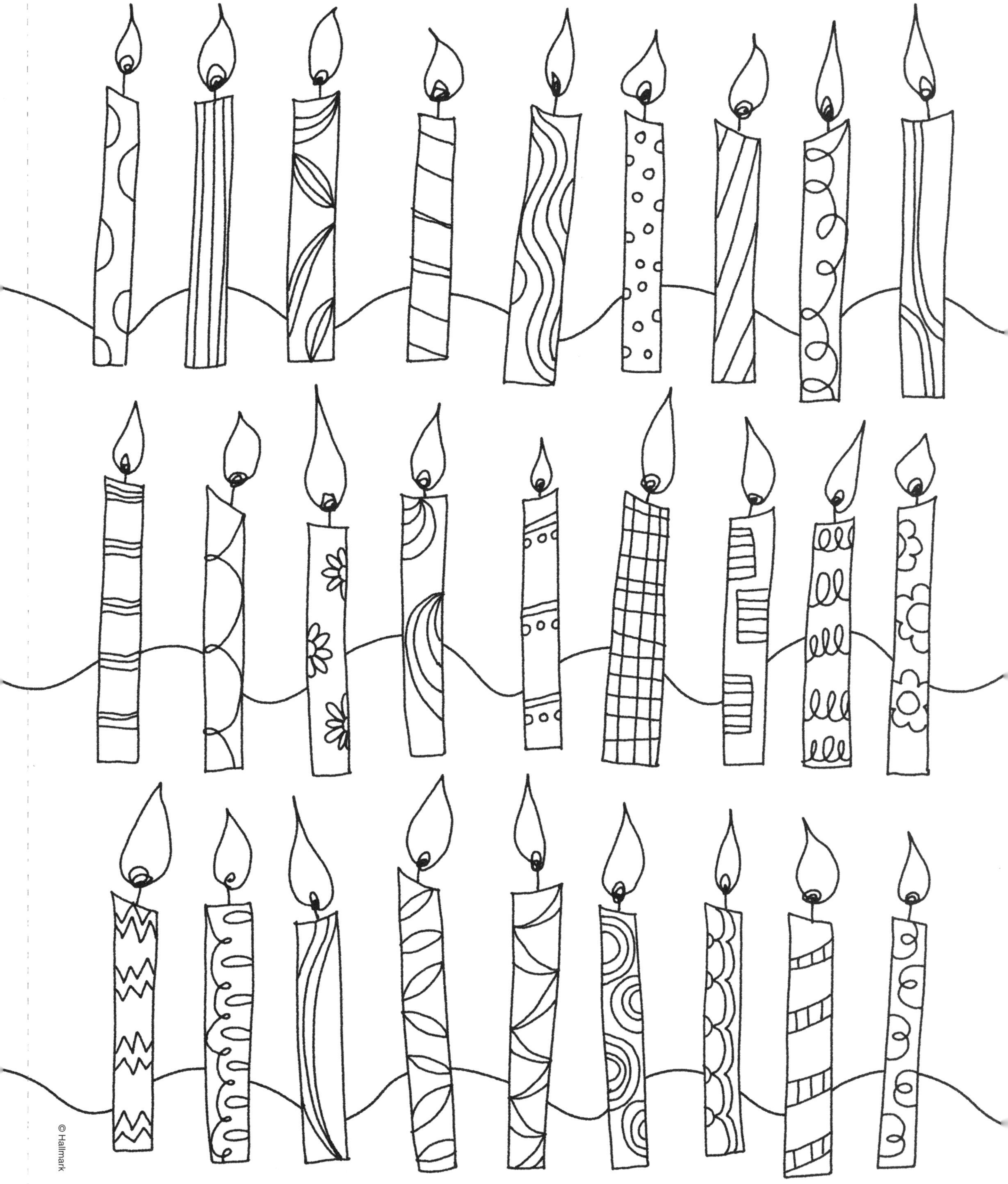

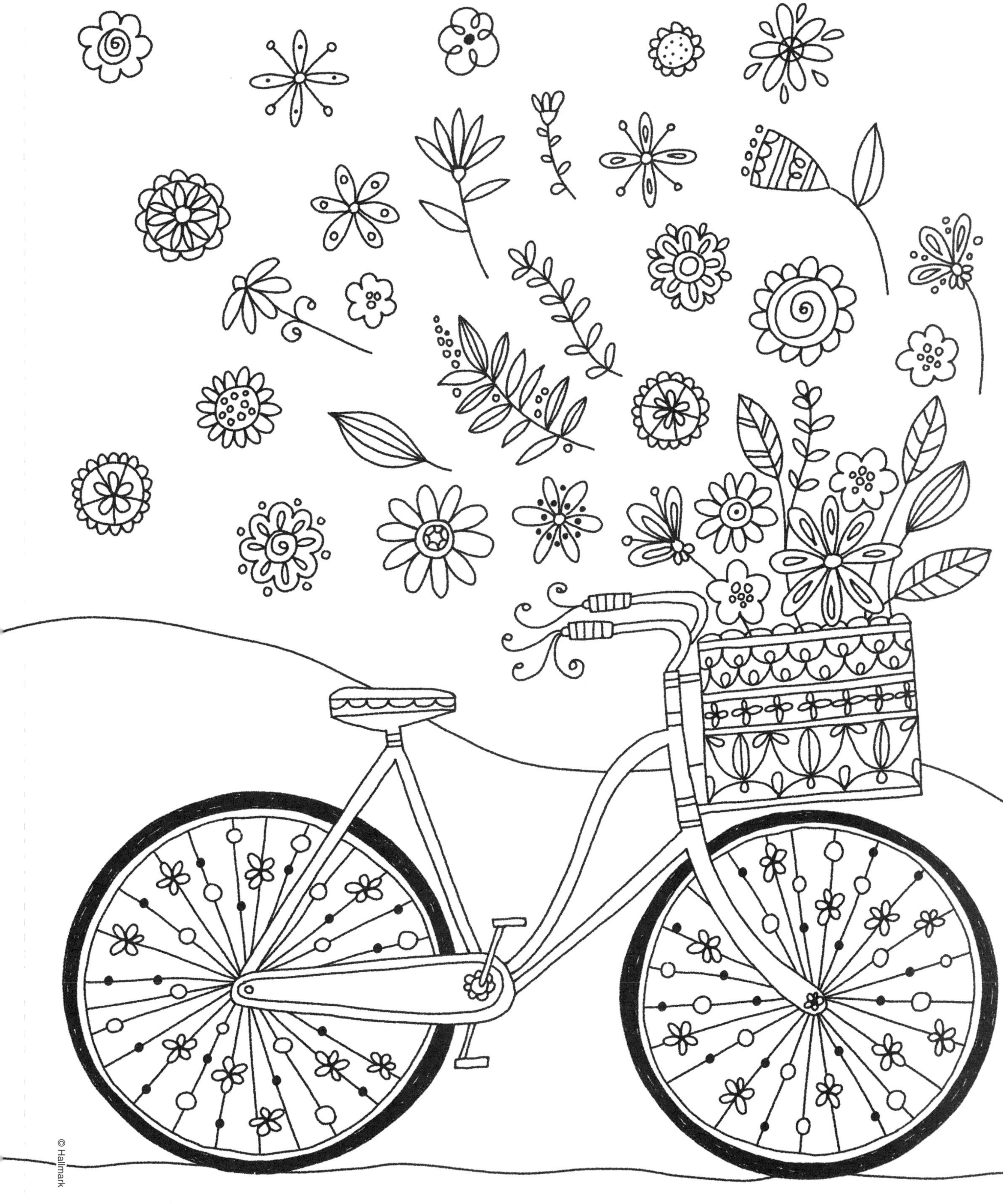

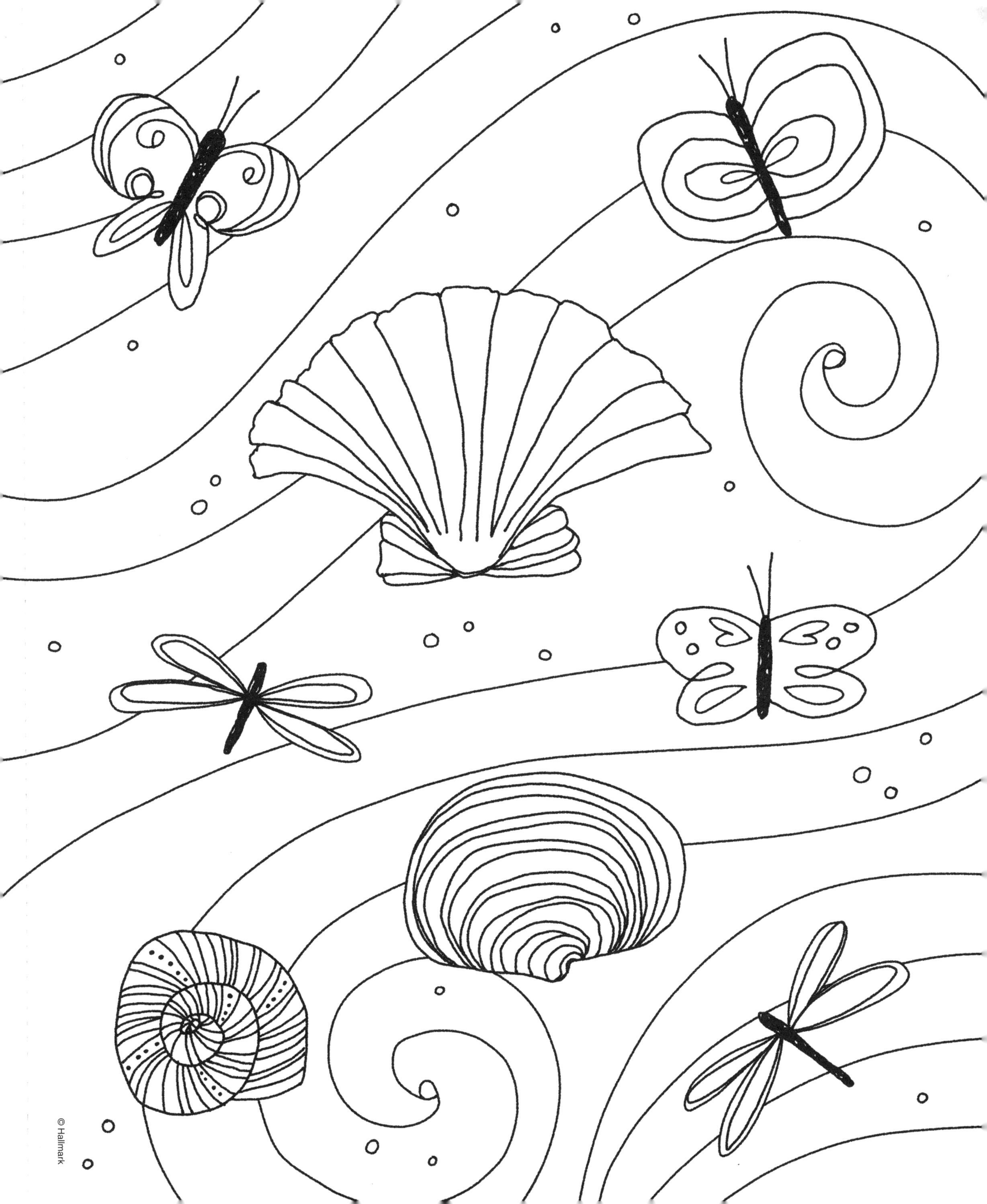

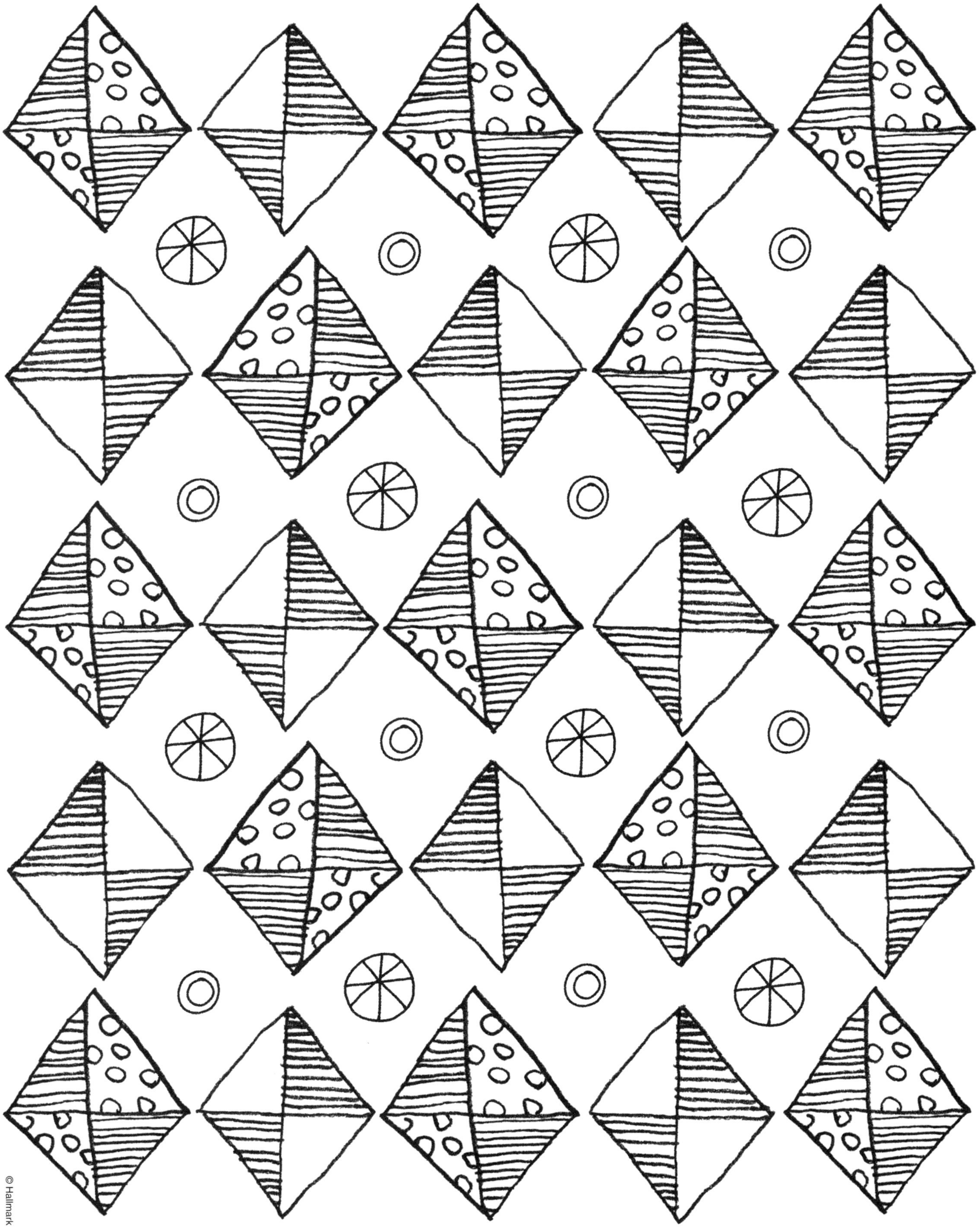

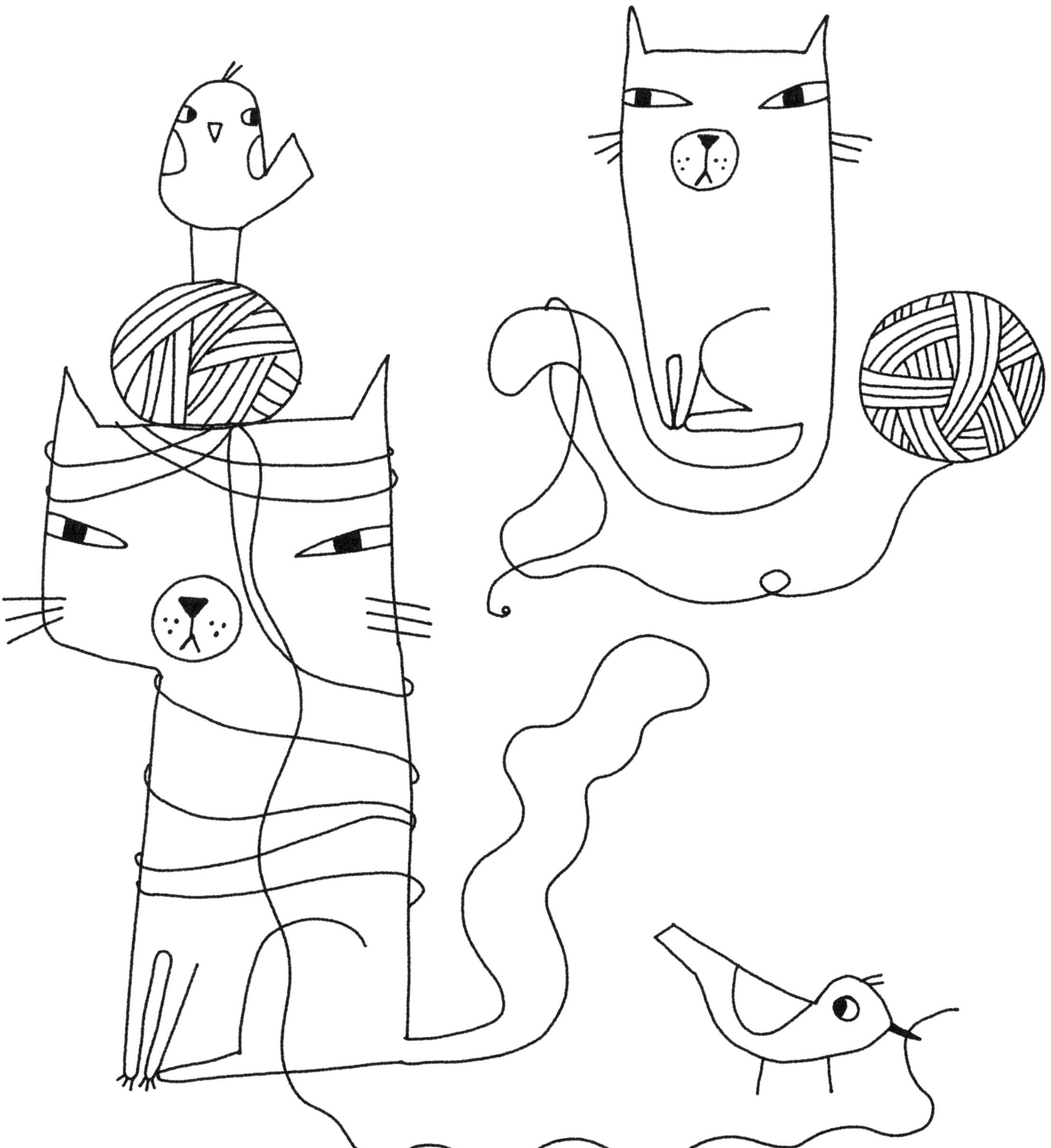

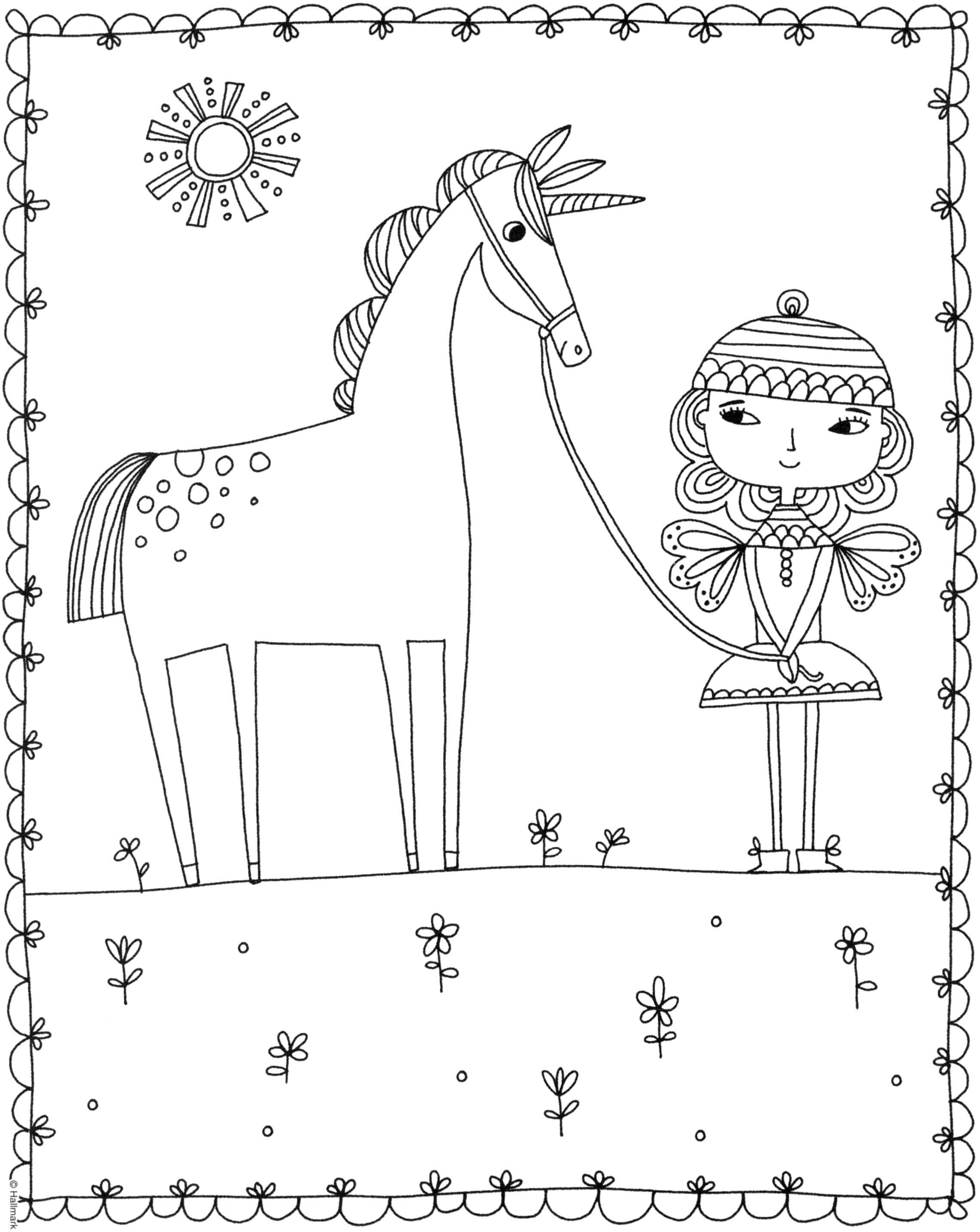

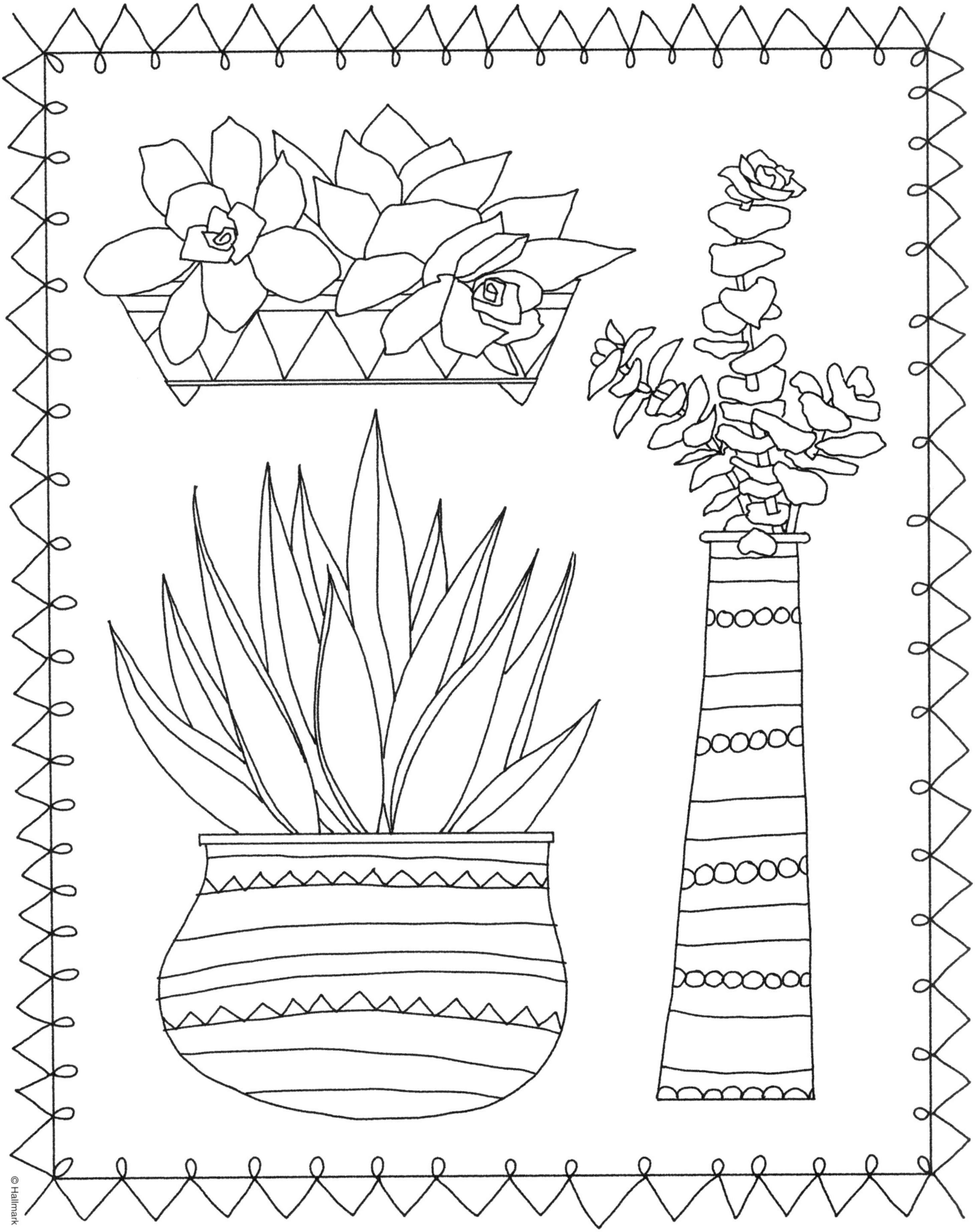

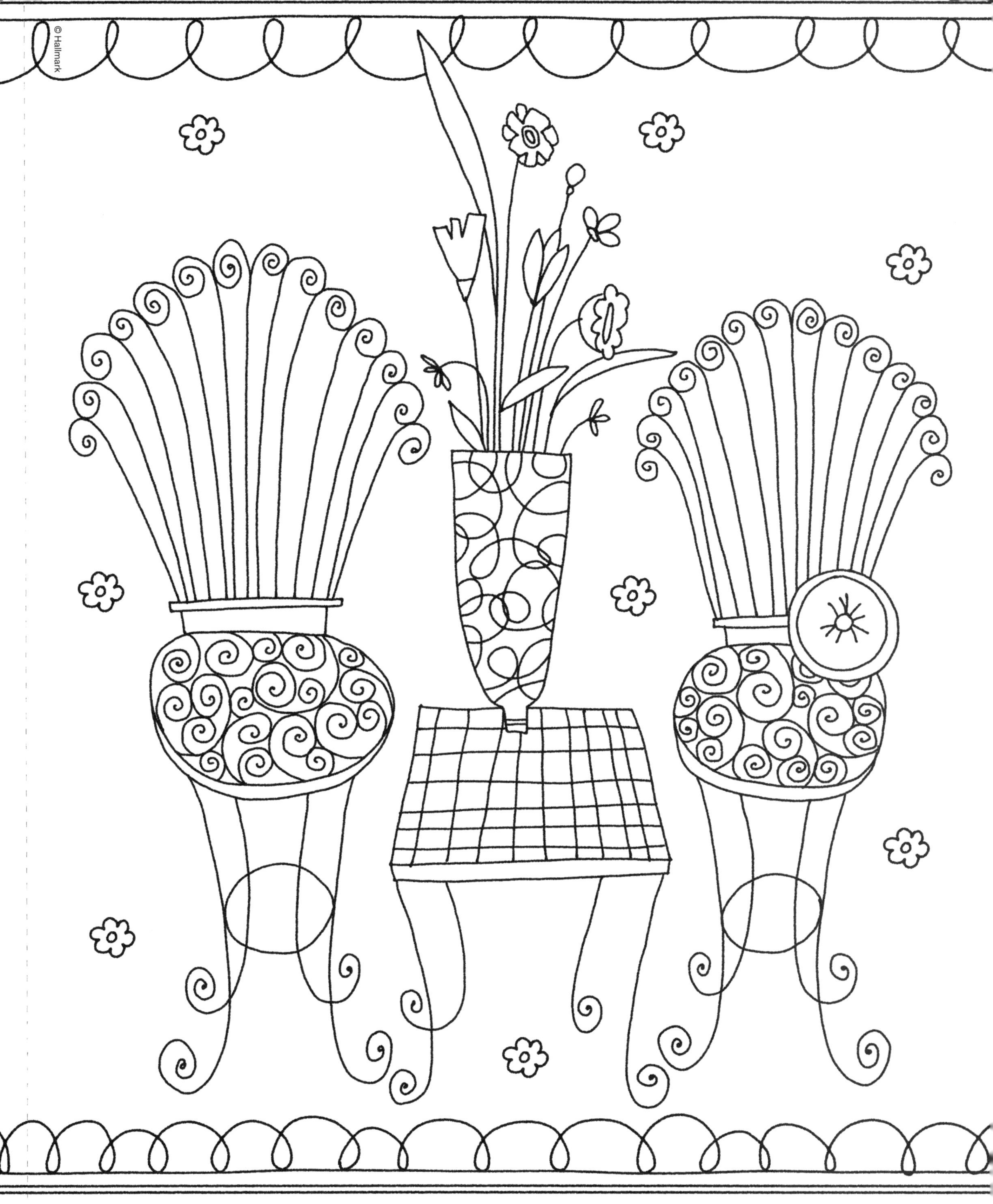

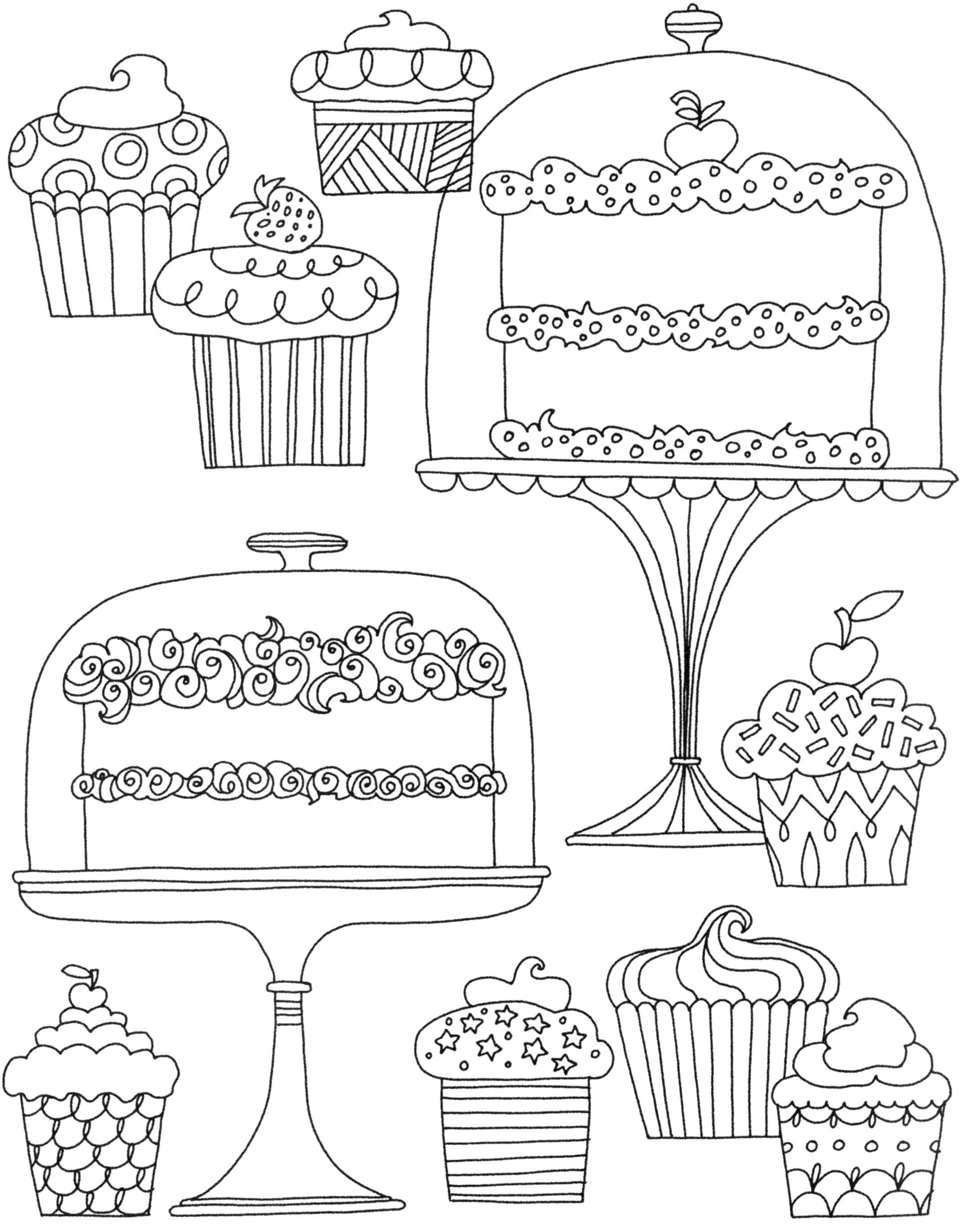

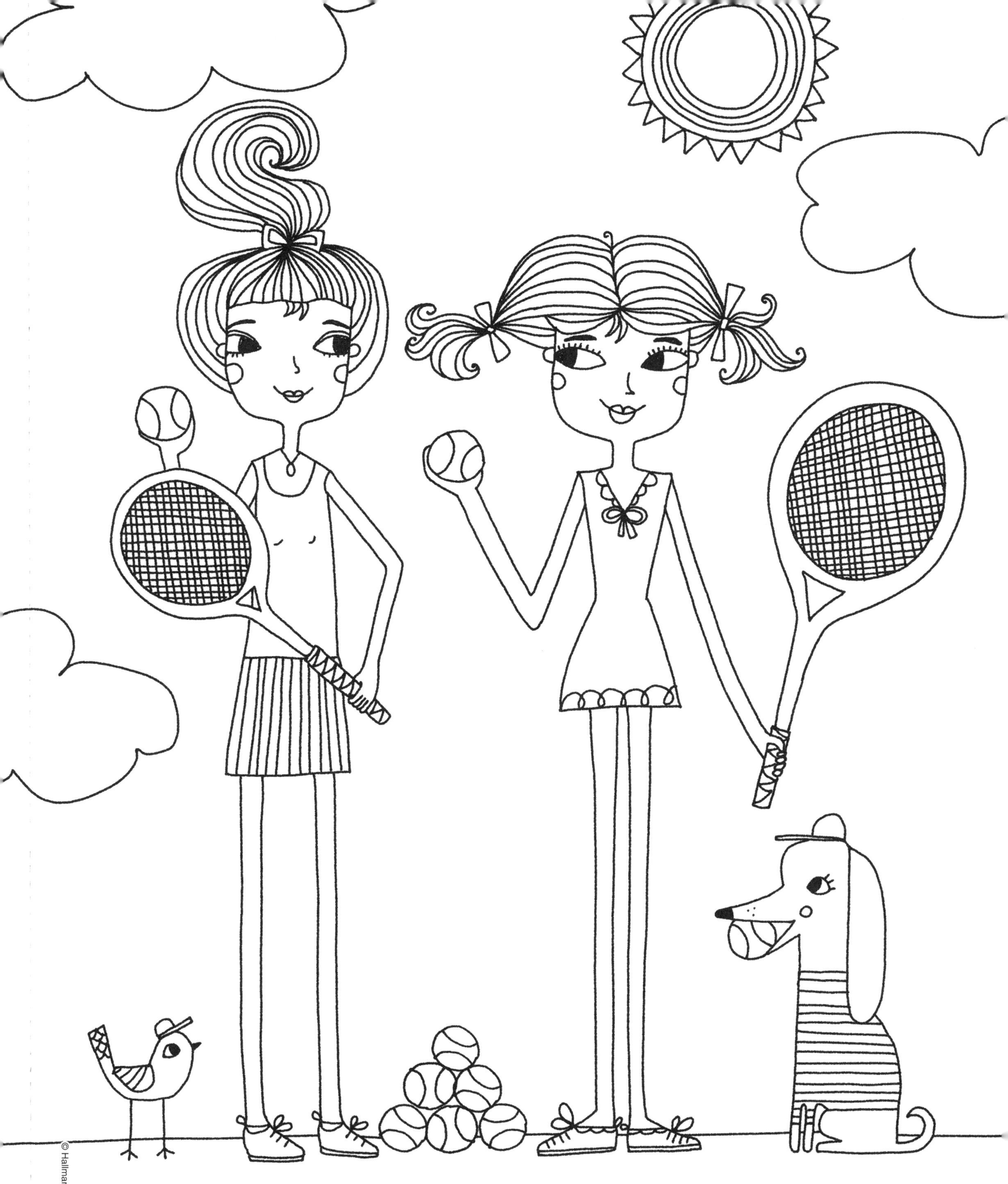

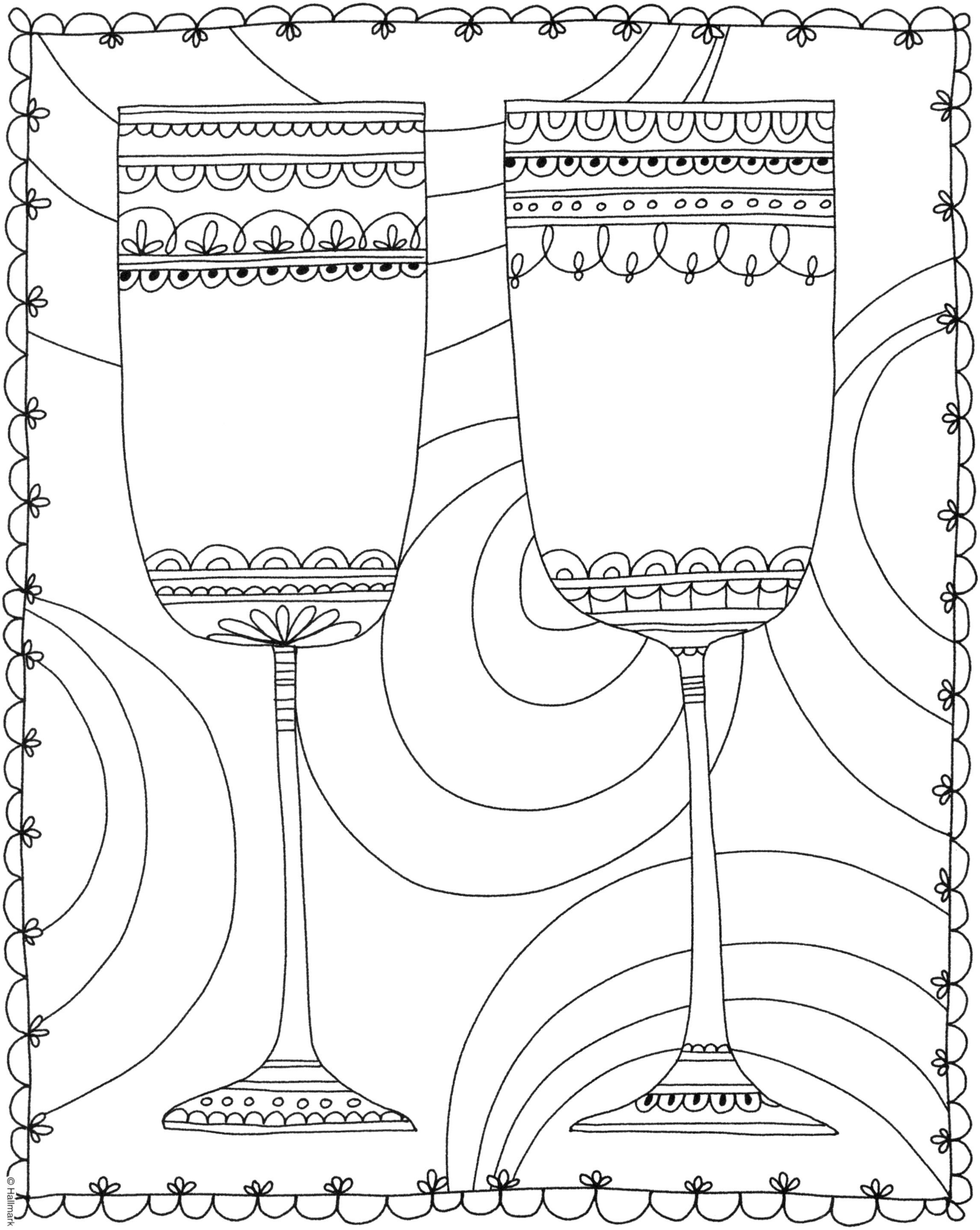

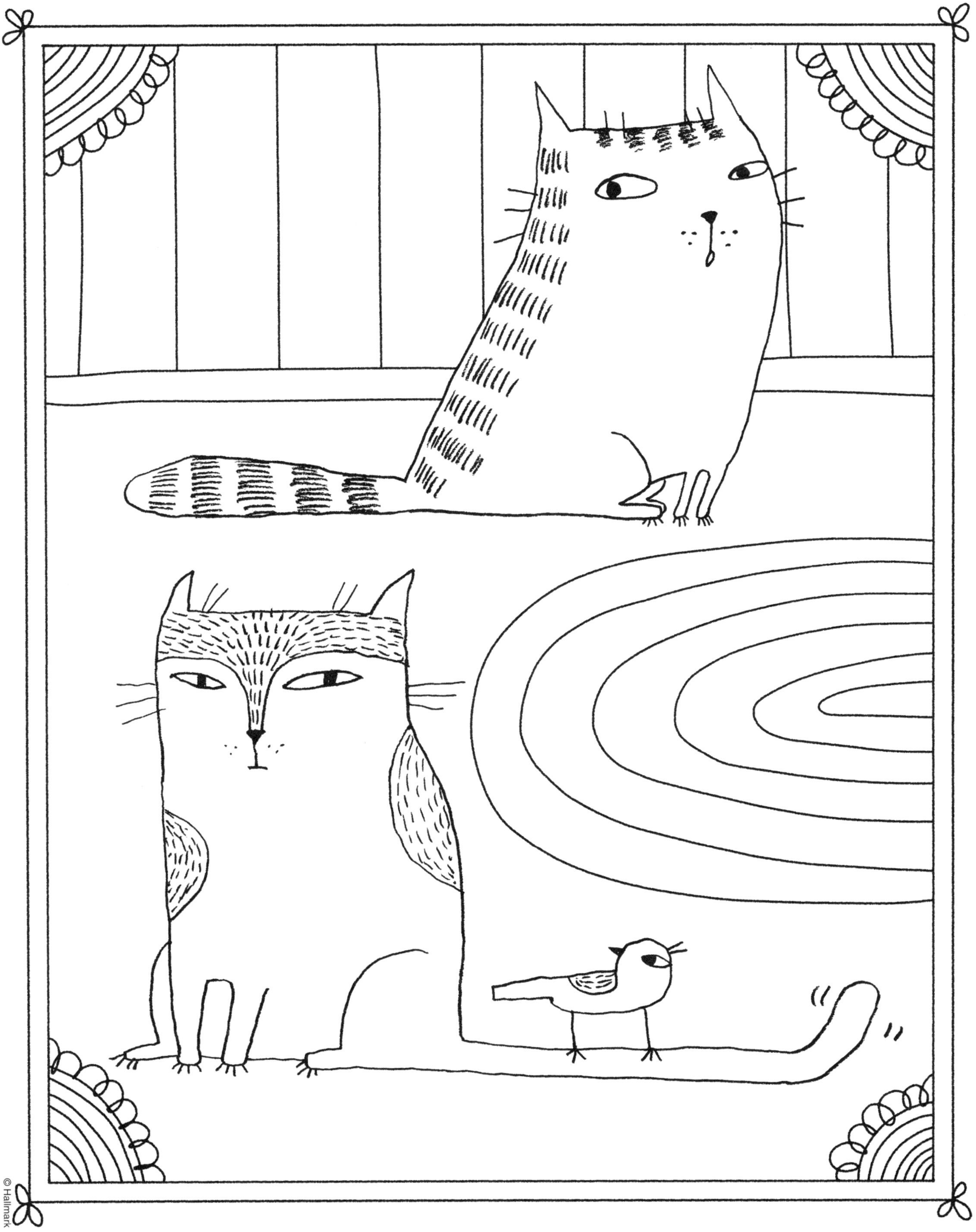

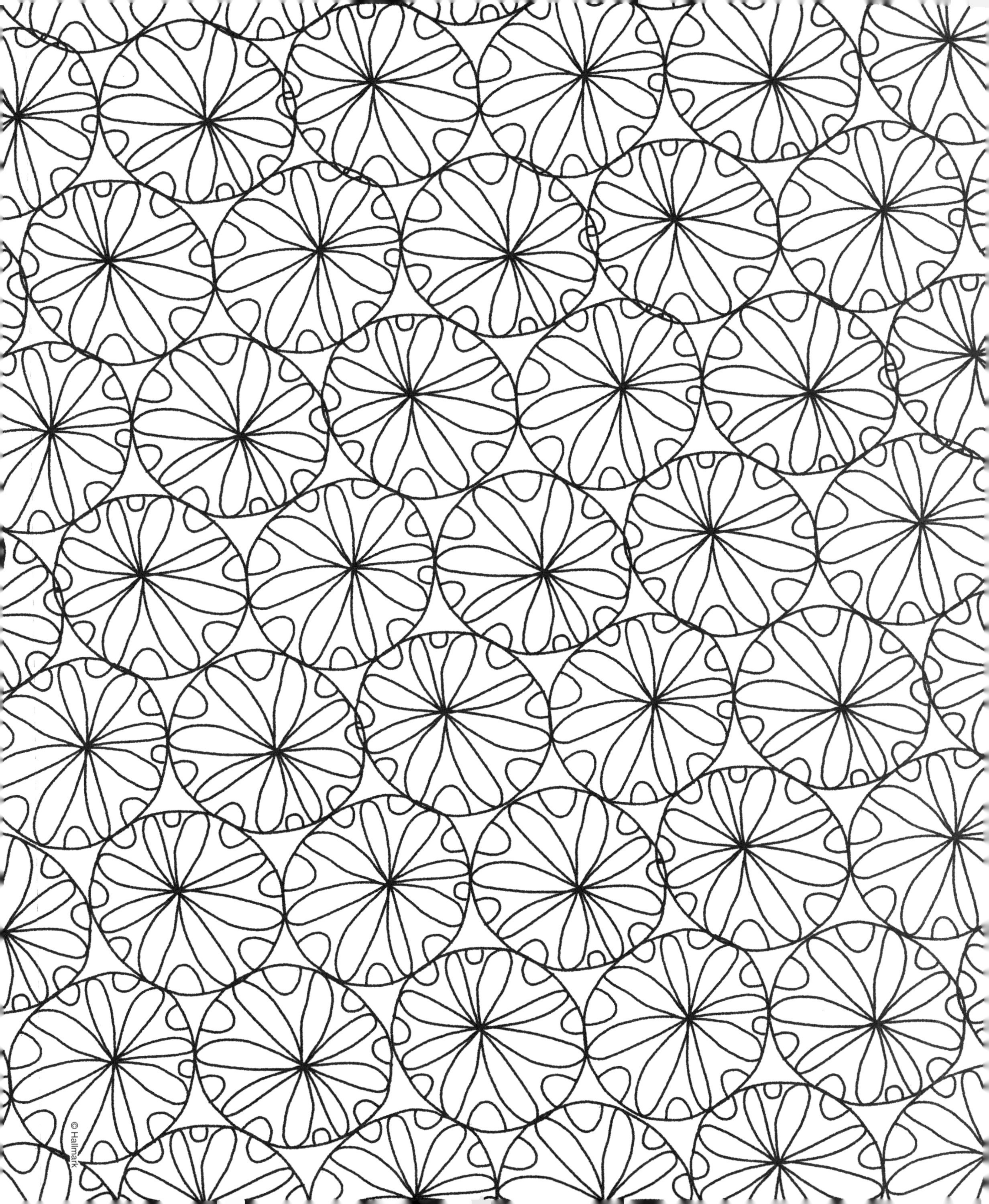

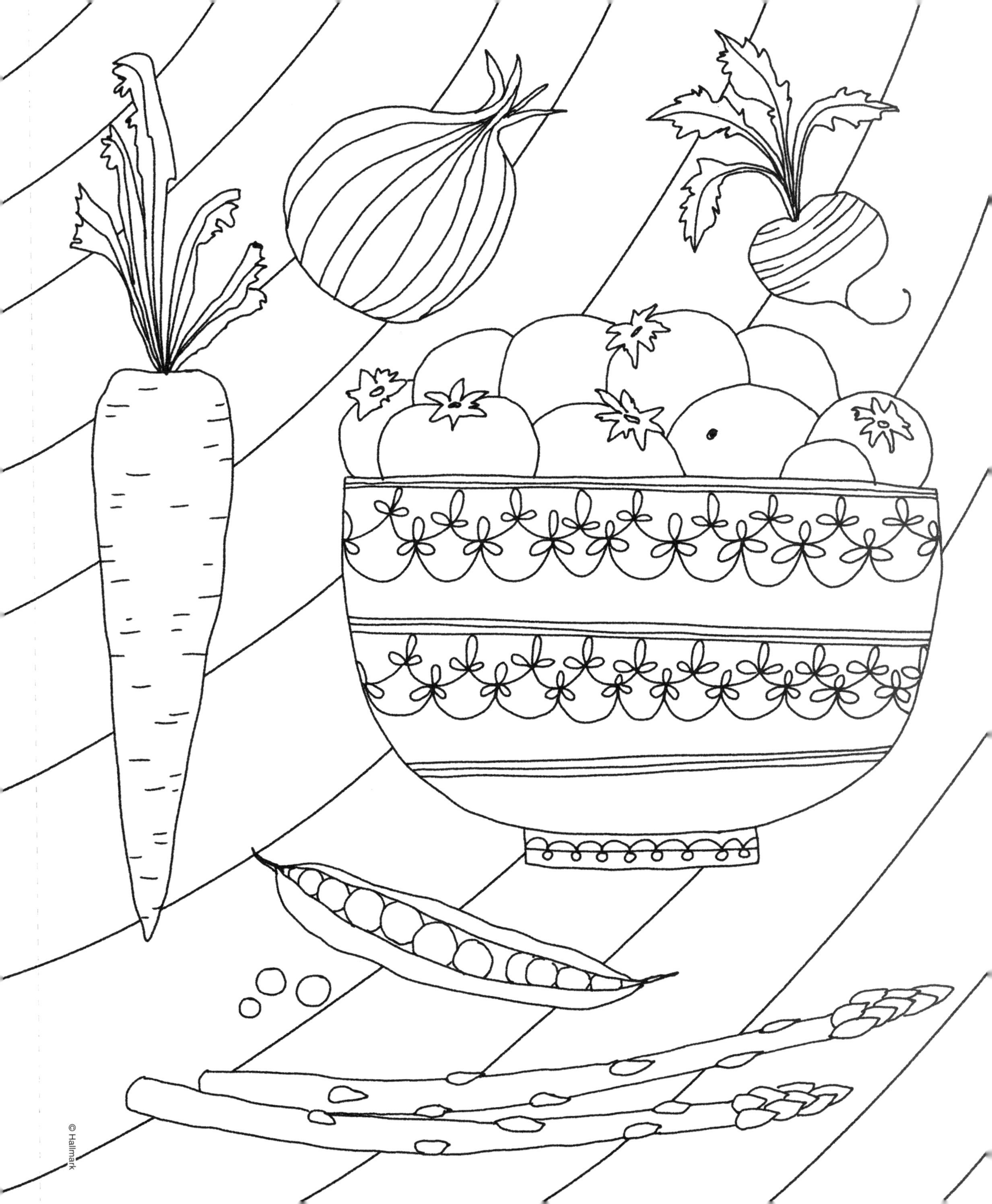

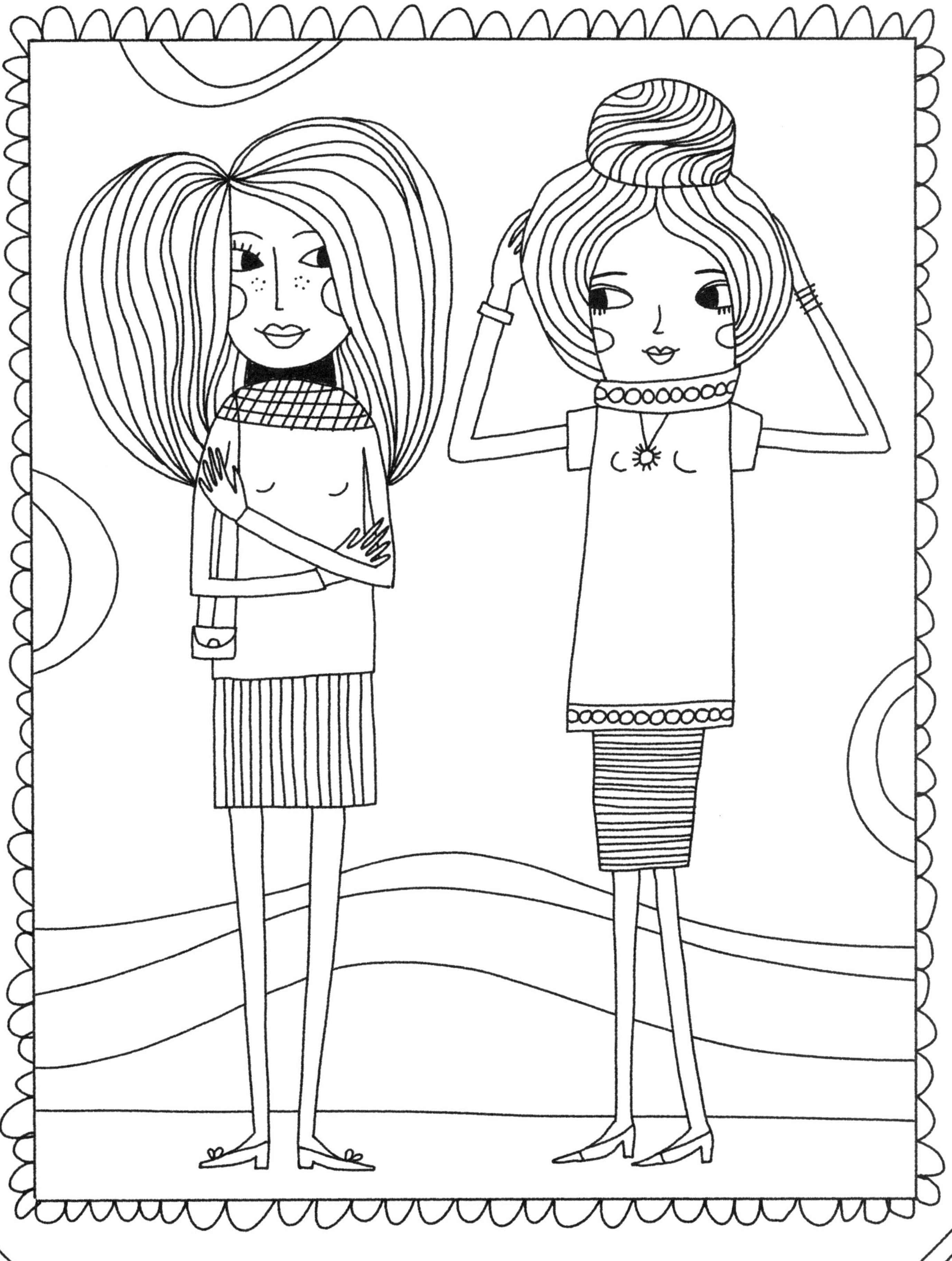

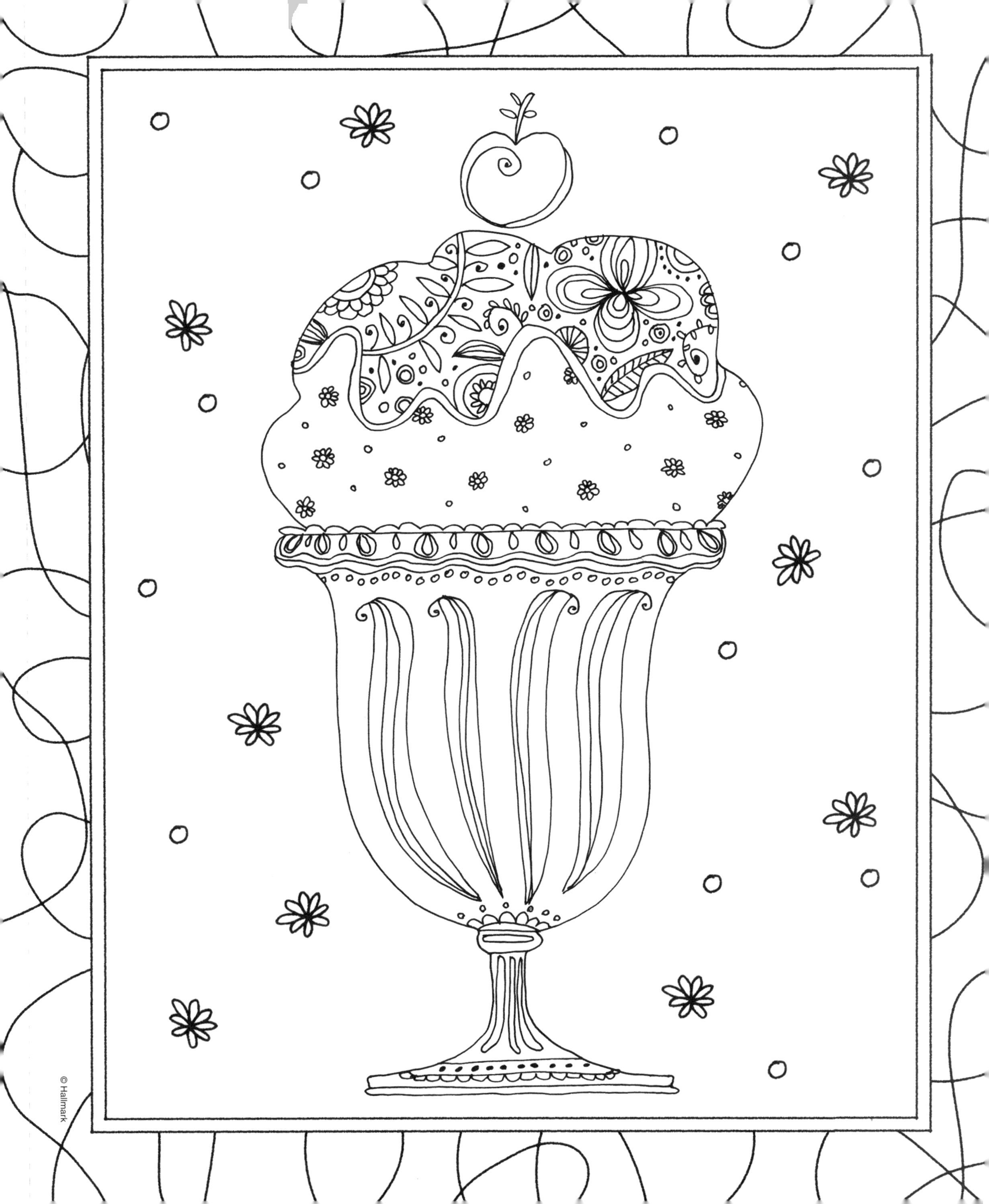

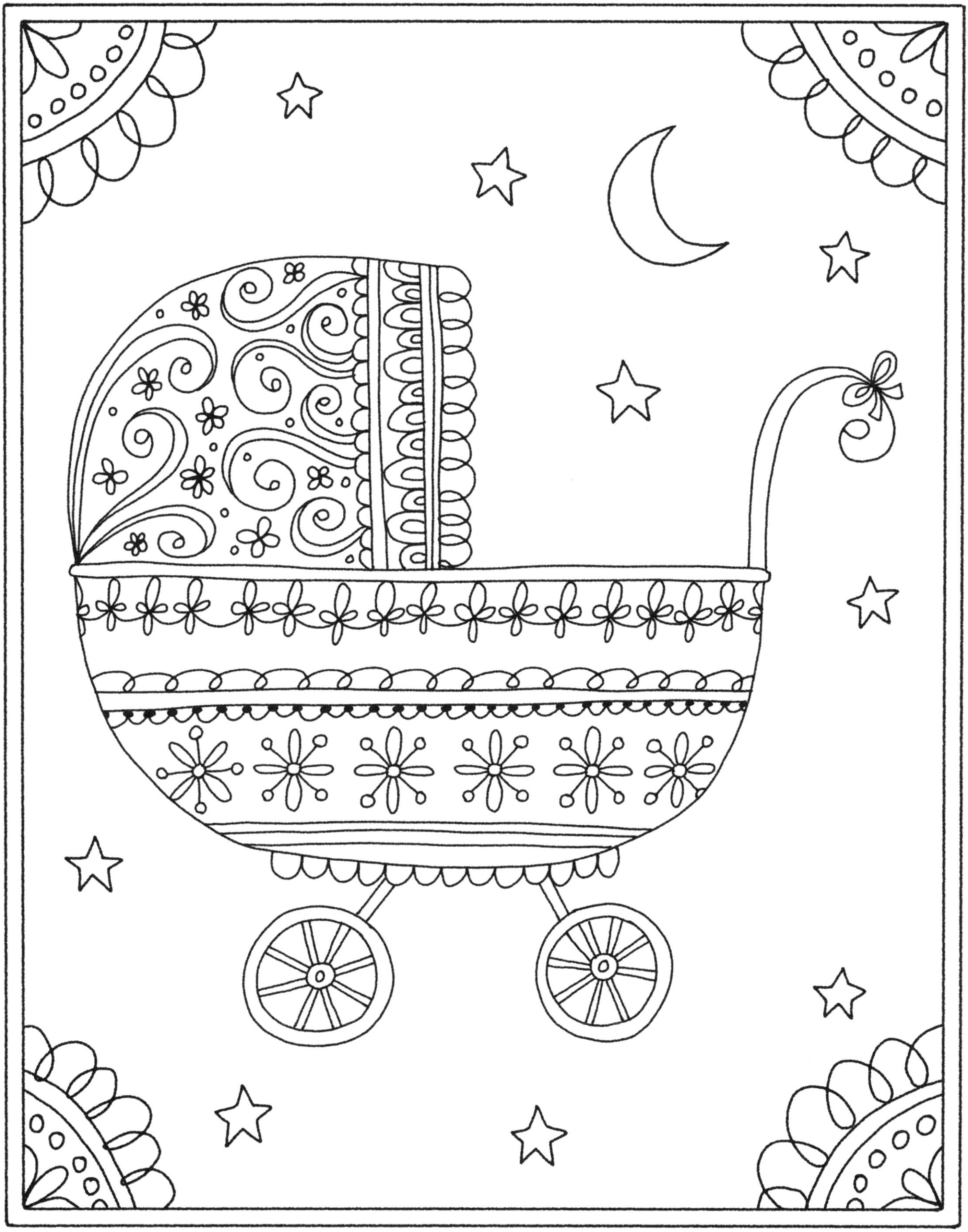

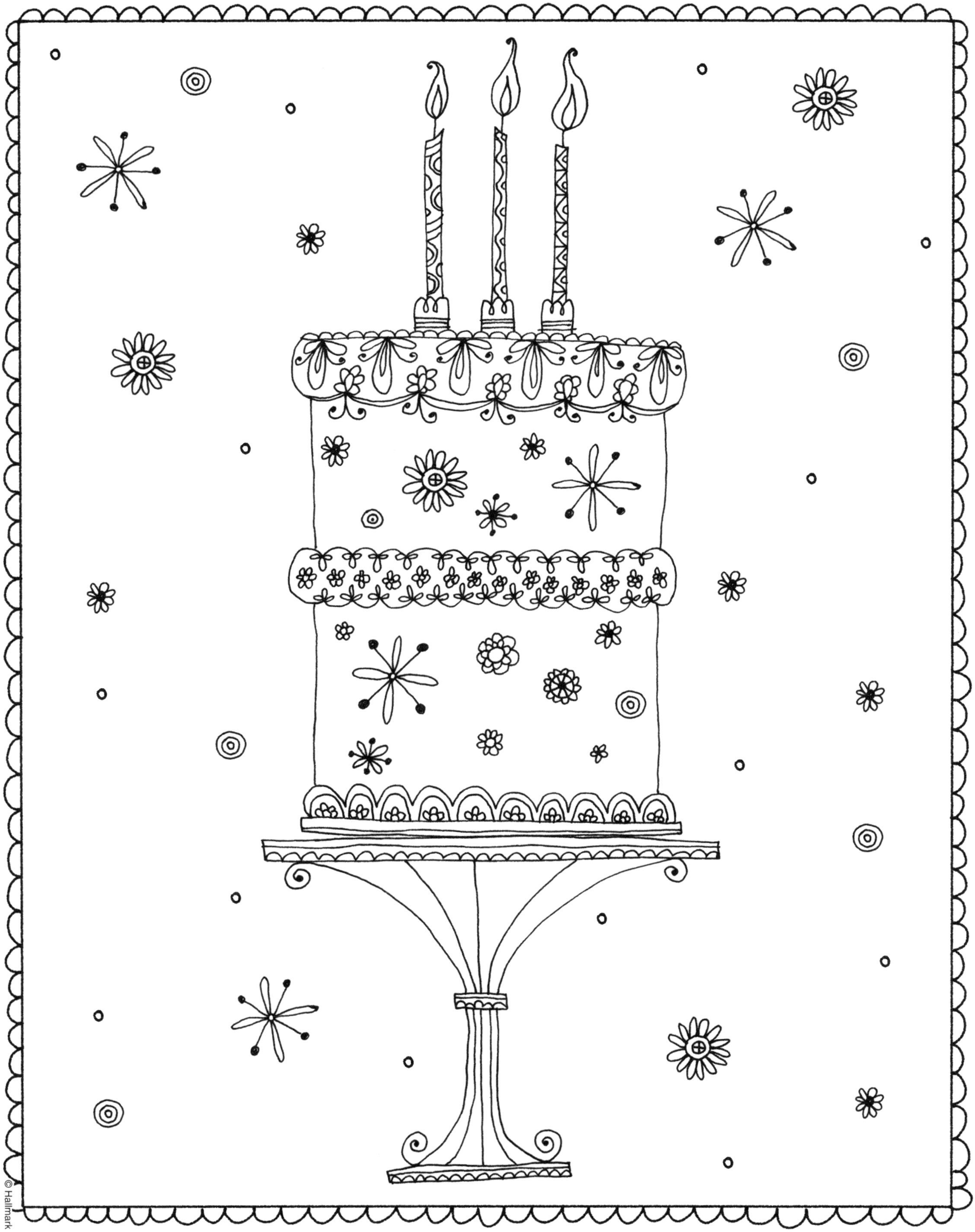

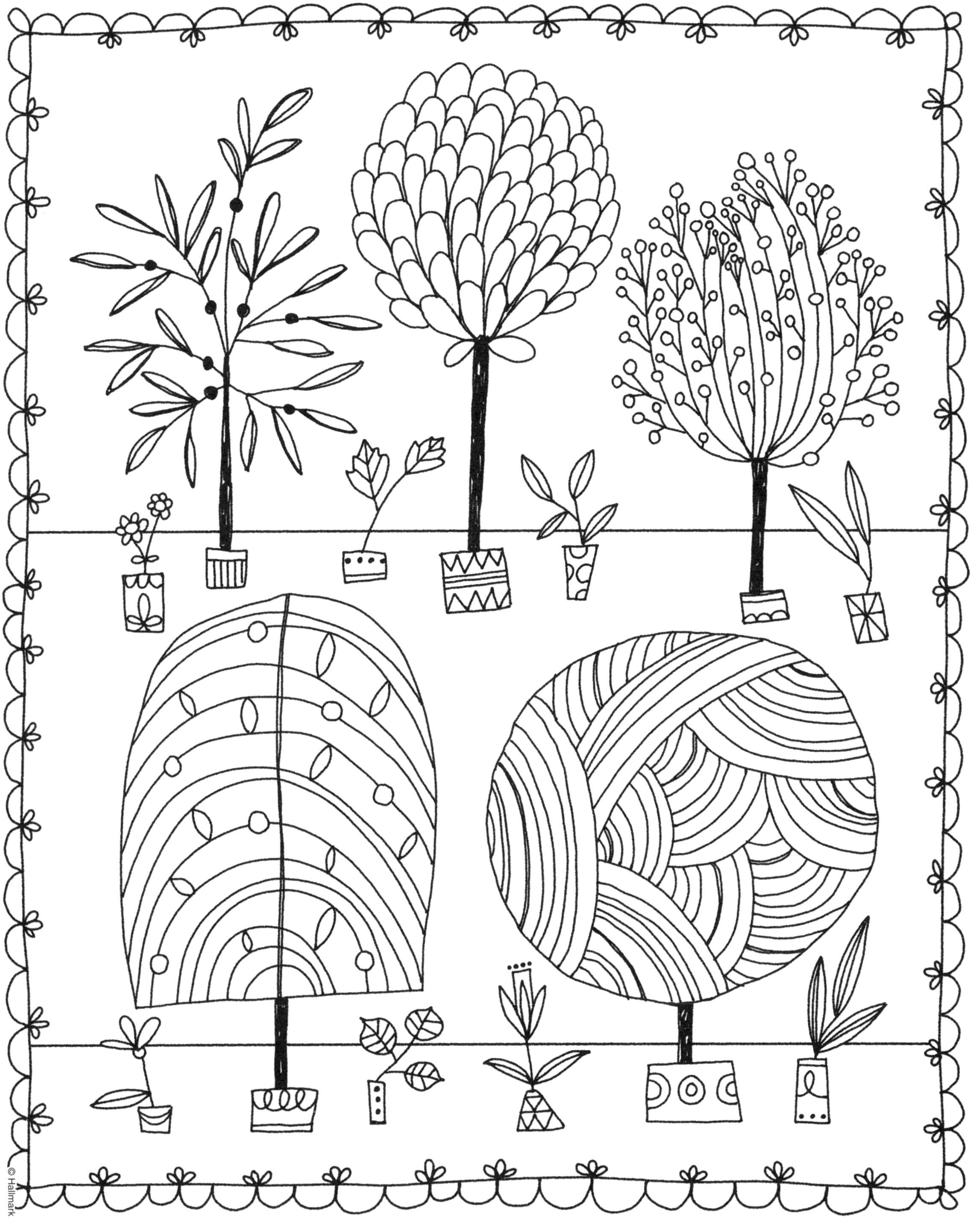

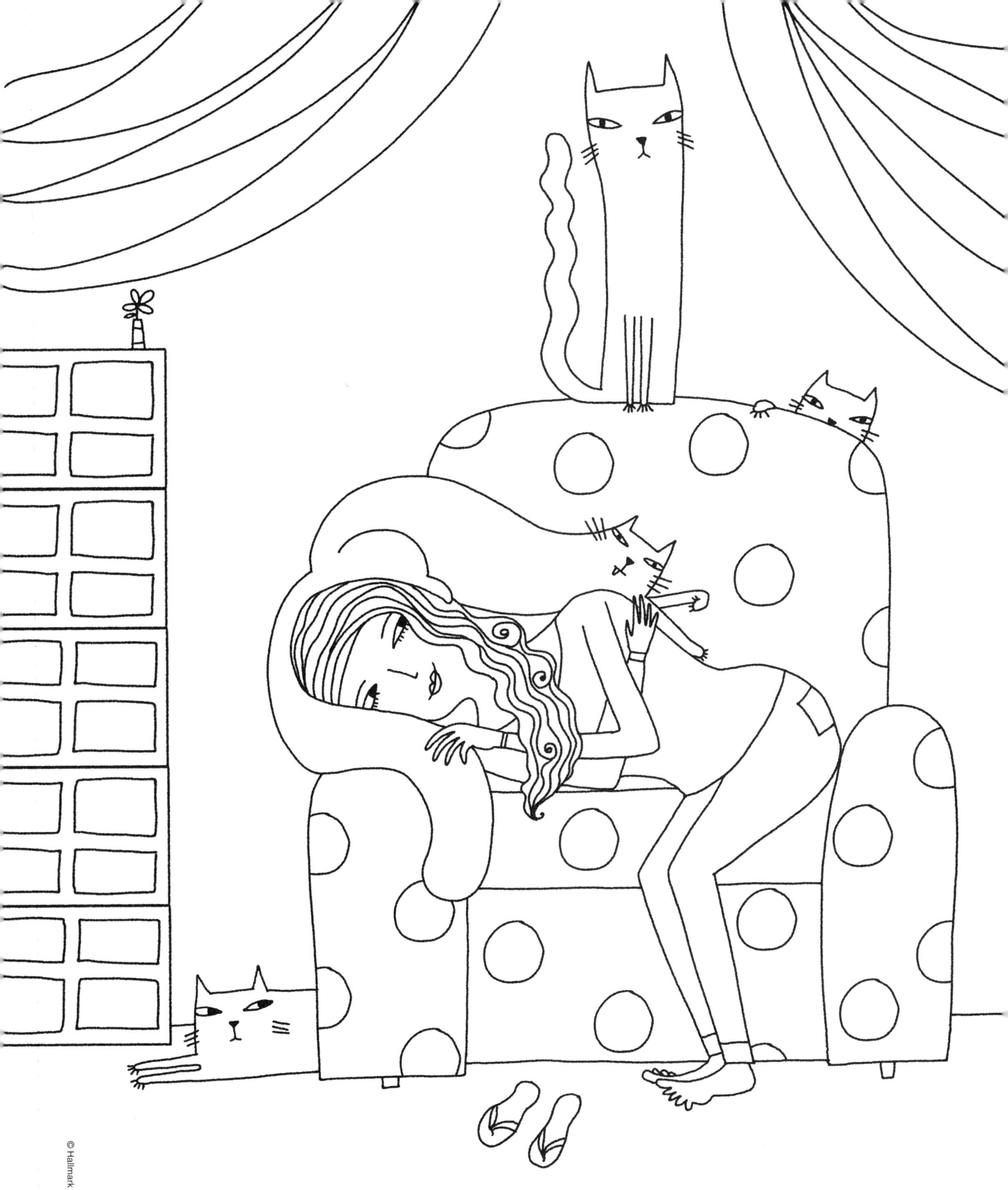

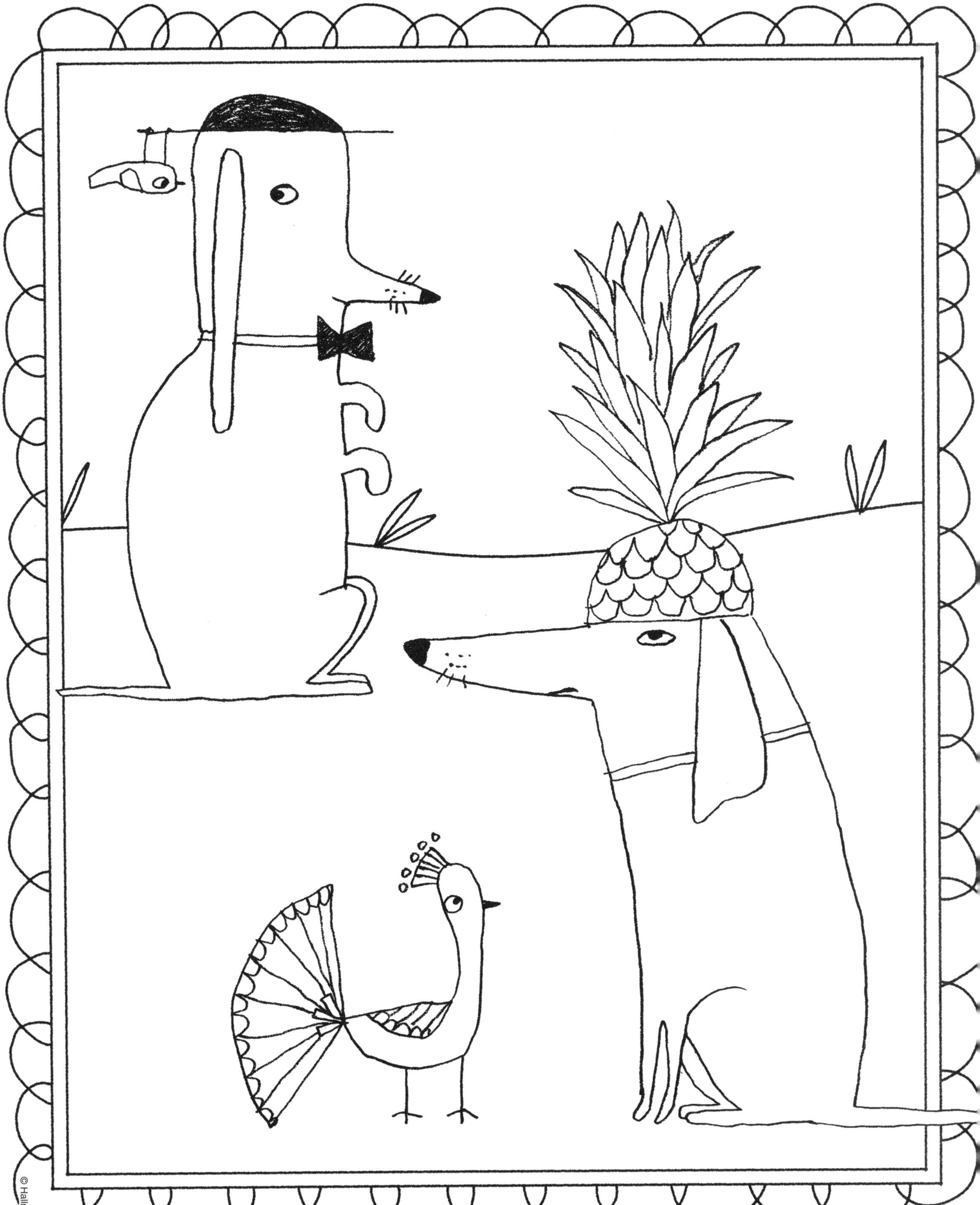

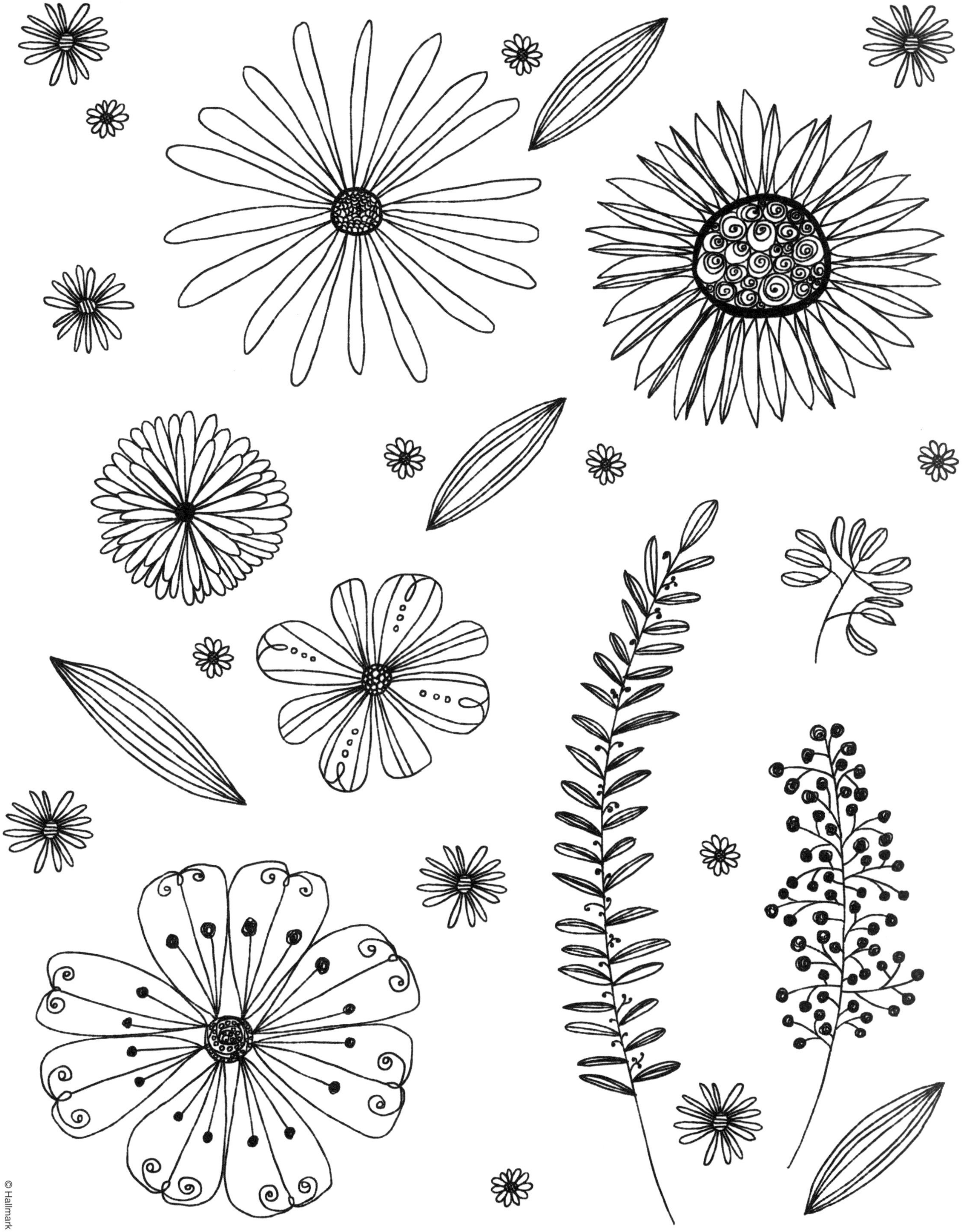

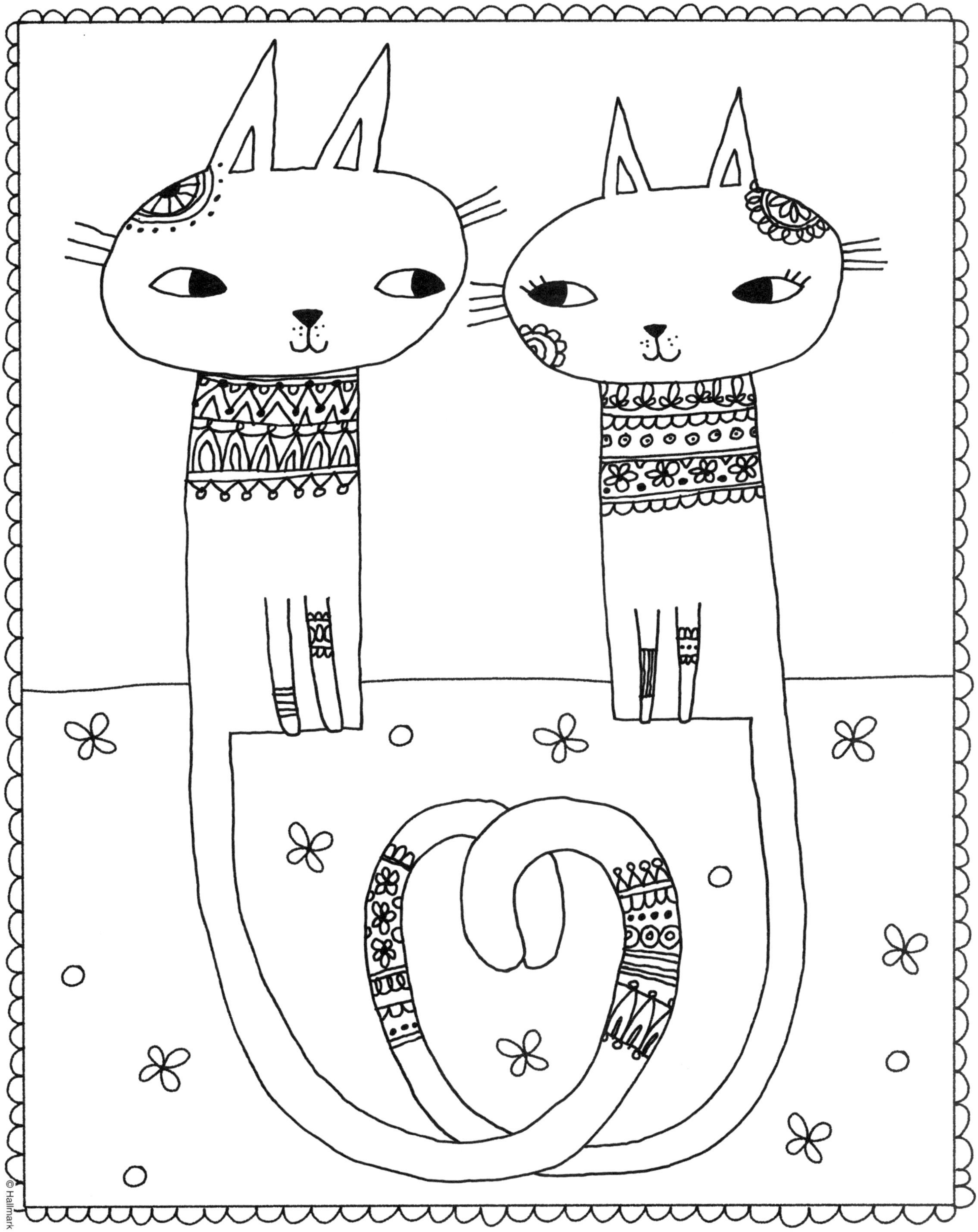